rêve
d'une nuit
d'hôpital

Nous remercions la Corporation des Éditions Fides de nous avoir accordé l'autorisation de reproduire certains extraits de l'œuvre poétique d'Émile Nelligan. Le titre de la pièce que nous publions est lui-même repris d'un poème d'Émile Nelligan intitulé *Rêve d'une nuit d'hôpital*.

Les photos de scène, à l'intérieur du volume, sont signées *André Cornelier*.

La photo de Normand Chaurette, sur la couverture, est de Linda Benamou.

Maquette de la couverture: Jacques Léveillé

ISBN 2-7609-0085-1

© Copyright Ottawa 1980 par Les Éditions Leméac Inc.
Dépôt légal — Bibliothèque nationale du Québec
2e trimestre 1980.

normand chaurette

rêve
d'une nuit
d'hôpital

LEMÉAC

L'Angélus de l'instituteur

Rêve d'une nuit d'hôpital *est une œuvre de célébration. Jouée moins d'un mois après le centenaire d'Émile Nelligan et à deux pas de cette rue Laval où le poète a écrit toute son œuvre, cette pièce est un hommage à celui qui, dans un poème qui a donné son titre à la pièce, rêvait d'un récital donné «au pays planétaire / Quand les anges m'auront sorti de l'hôpital».*

Oeuvre de célébration, certes, où le dramaturge évoque le destin du grand poète, de cet enfant entouré de mères et de sœurs, qui ne franchit le seuil de ses vingt ans que pour s'enfermer (être enfermé) dans un long cloître noir où il meurt, quarante ans plus tard. Évocation fidèle, bien documentée, mais surtout discrète et fraternelle: c'est de l'intérieur que le drame est perçu, senti, vécu comme une passion douloureuse et libératrice.

9

Nous sommes à la Retraite Saint-Benoît ou à Saint-Jean-de-Dieu, à l'école Olier[1], dans la maison de Cacouna ou, plus tard, chez Désaulniers à Ahuntsic. Nous sommes dans une chambre d'hôpital, blanche et close, dans un rêve étrange, intemporel. Nous sommes... au théâtre, dans un décor stylisé, sobre et lumineux qui prépare le spectateur à un jeu sans artifice autre que la musique d'un violoncelle appuyant et prolongeant la voix et le geste des comédiens. Chaque mouvement du corps et de la voix s'ajuste au texte, comme le chant de la musicienne à celui de son instrument, comme la musique originale de Jean-François Beaudin — la sombre clarté du violoncelle — traduit admirablement les accents tragiques, mais illuminés, de Nelligan.

* * *

C'est à «l'Albatros» ou à «l'Invitation au voyage» qu'on identifie le génie de Beaudelaire; mais si l'on s'interroge sur le destin tragique du poète, sans doute est-ce «La Cloche fêlée» qu'il faut interroger. De même, «Soir d'hiver» et «Le Vaisseau d'or» ont immortalisé Nelligan, mais peut-être son dernier sonnet, «La Cloche dans

---

1.   Ou à l'un des deux collèges que Nelligan a fréquentés. Il est en effet peu probable qu'on ait fait du latin à l'école Olier, dont le directeur n'avait vraisemblablement pas le titre, usité dans les collèges de Jésuites ou de Sulpiciens, de «recteur».

la brume», exprime-t-il avec plus de vérité la détresse sans panache d'un poète génial qui «a sombré dans l'abîme du Rêve» et poursuit sa longue nuit vers la mort.

Ce poème n'est pas cité, mais l'instituteur signale qu'il vient de le lire, dans la Revue canadienne où il a paru en 1903. Au recteur qui dit avoir »trouvé cela hallucinant», l'instituteur répond: «Pas du tout; c'est la réalité». Entendons-nous: réalité hallucinante, habitée par un rêve devenu cauchemar. «Écoutez, écoutez, ô ma pauvre âme!«, écrit Nelligan: c'est une sourde lamentation, un glas qui gémit »sous le noir des frissons nocturnes». Et tout naturellement, le poète recrée le réseau d'images que dessinait Baudelaire: cloche, église, brume, nuit froide.

Tout ceci semble signaler un courant d'influences, le recours à une imagerie d'époque, On reconnaît davantage l'univers propre à Nelligan lorsqu'il compare sa détresse »À la cloche qui rêve aux angélus d'antan». L'angélus, non pas le lieu commun exploité par Millet, paisible et champêtre, mais la prière quotidienne à la Vierge Mère: prière de l'ange à Marie, oraison ponctuant les jours de celui qui »ne se nourrit que de l'air comme les anges« et qui, peut-être, «est amoureux de l'un deux«. On voit comme tout ceci est trouble, ambigu. C'est pourquoi nulle image ne convenait mieux pour exprimer le désordre intérieur du poète. Car l'angélus suggère le point d'équilibre et de la parfaite symétrie, «Midi le juste», disait Valéry, pure image du partage lucide, du regard olympien, du «calme des dieux». Il suffit de retourner l'image, de la dérégler. «L'angélus sonne dix coups», indique le dramaturge dans son prologue; nous voilà lancés, d'emblée, dans un univers désaccordé, plongés dans le complexe déséquilibre — c'est-à-dire l'équilibre rompu — de l'âme. L'angélus ne sonne que dix coups, mais c'est tout de même un angélus délimitant les heures et les jours. C'est l'angélus de midi; mais c'est aussi la nuit, le présent et le passé, la cloche qui sonne et la porte qui claque, le fleuve qui bout et la nuit des frissons. «Entre deux coups d'Angélus, il s'écoule un siècle.» Après les dix premiers coups, la pièce commence et se poursuit comme dans un instant suspendu, dans l'attente des deux coups qui manquent et qui ne viendront qu'après la dernière réplique: cet angélus sert moins à marquer l'heure qu'à délimiter rigoureusement le récit dramatique, à lui fournir son principe d'unité.

Pour autant, faut-il faire abstraction du temps? Pas tout à fait, car le prologue nous précise une date à laquelle il faut se rapporter: «Lundi, onze juillet, mille neuf cent trente-deux». Ce jour-là, Gonzalve Désaulniers aurait amené son ami chez lui, à Ahuntsic, pour lui faire entendre «Le Vaisseau d'Or» récité à la radio (à l'heure de l'angélus) par Jean Charbonneau. Le fait est véridique, mais ce n'est pas

12

l'événement en soi qui compte. Plutôt une situation exemplaire, une mise en scène visant à mieux observer le poète: on voulait le regarder écouter, s'écouter, et tenter ainsi d'évaluer sa lucidité, voir si le poète en lui vivait encore. Un peu de la même manière et un demi-siècle plus tard, Normand Chaurette se poste en observateur. Entre-temps, l'œuvre du poète s'est imposée, le personnage s'est mythifié, a pris valeur de symbole pour une collectivité qui se cherche dans son passé, veut se donner une tradition, des héros — des victimes aussi. Pour retrouver l'homme et le poète au-delà du personnage officiel qu'il est devenu, le dramaturge confronte à son tour Nelligan à son œuvre. Cinq poèmes seront ainsi récités par l'un ou l'autre personnage, parfois repris par le chœur, parfois égrenés comme un écho de cloches. S'établit ainsi non seulement le climat poétique dans lequel baigne la pièce, mais une sorte de dialogue entre la poésie et le récit dramatique. Comme en 1932, Nelligan apparaît généralement insensible à sa propre poésie. Mais lorsqu'à son tour il récite un poème, c'est une page (légèrement transformée) de Rimbaud qu'on entendra. Au cours d'une conversation avec le recteur sur l'enfer, l'instituteur vient de dire: «je connais quelqu'un qui y a déjà vécu une saison, il y a mangé du roc, du charbon et du fer». C'est aussi à cette vision du destin de Nelligan que l'observation conduit le dramaturge: une sorte de «saison en enfer».

Une seule saison, évoquée à partir des trois milieux qui ont jalonné la vie de Nelligan: la famille, l'école, l'hôpital. Certaines scènes sont datées, comme pour suggérer un déroulement chronologique. On se rend vite compte, cependant, que la succession des scènes répond à une autre logique: comme au cinéma, il faut d'abord créer un climat, monter le décor, créer une attente, à partir de quoi le flash-back — *plongée dans le temps, vision et surimpression de la vie intérieure — devient possible et efficace. Cette perspective étant donnée, c'est en renversant l'ordre de succession des scènes qu'on retrouve un certain ordre chronologique et la remontée progressive vers l'enfance. Ainsi, dans cette pièce dont le découpage en douze scènes rappelle encore l'encadrement par la symbolique de l'angélus, tout semble converger vers la sixième scène, la plus douce et élégiaque parce qu'elle nous reporte un bref instant au «paradis» de Cacouna où, selon l'expression du mystérieux invité, «on se croirait parmi les anges». Or, Nelligan est avec sa mère et ses sœurs et l'on y parle de poésie, de Baudelaire, plus confusément du destin de l'ange Nelligan dont les «mains blanches, sans lignes», annoncent l'impasse ou l'échec. Dès la scène suivante s'amorce ce cheminement; au paradis maternel de Cacouna succède l'évocation de l'enfer rimbaldien, — «ce rêve que vous étiez en enfer», dit l'instituteur. À la scène finale et après l'agitation fiévreuse, l'«Hallucination», la saison se termine comme la nuit,*

14

les portes se referment en échos, le silence s'installe, avant et après les derniers coups de l'angélus. On songe à la mort, mais c'est «comme si tout allait recommencer», comme si la vraie vie du poète pouvait enfin se réaliser. Quand sonnent les deux derniers coups, l'équilibre se trouve rétabli, la sérénité est retrouvée.

Dans cette suite d'évocations où la chronologie est constamment brouillée, les personnages féminins occupent une place privilégiée. Il fallait s'y attendre, tant la figure de Nelligan est identifiée à celles des femmes qui l'ont entouré. Mais dans la mesure même où elles ont occupé une si large place dans la vie du poète, évoquer ces relations représentait le risque d'un glissement vers la biographie intime, vers l'examen clinique d'un cas. On comprend que, pour éviter ce piège, le dramaturge laisse la mère un peu dans l'ombre. Elle intervient peu, en général pour dire des banalités ; son véritable dialogue avec son fils doit demeurer secret, il faudrait une autre pièce pour le révéler. La parole appartient plutôt aux sœurs, elles-mêmes figures de tous les doubles féminins. Le dédoublement des rôles suggère efficacement ces associations, puisque les sœurs sont ainsi associées aux religieuses hospitalières — la Grande, la Petite —, lesquelles rappellent à leur tour Sainte Cécile la musicienne et la Vierge Mère. Univers blanc et chaud reliant l'enfance et l'hôpital : dans l'un et l'autre milieux, Nelligan est réduit à l'état de dépendance, cherchant autour de lui sa propre image, des échos de lui-même. C'est avec sa «sœur» préférée, la Petite, que s'établira la communion la plus intense, la plus vraie. Elle est moins sévère que la Grande, plus proche de l'enfance; elle sait rire et trouver les pensées du poète dans son silence. Elle sera l'ange de l'au-delà comme de l'hôpital, l'âme-sœur tant cherchée par le poète et qu'il ne rencontrera peut-être qu'au-delà de la mort. «Comme si on devait rester un ange pour l'éternité», dit la Petite, qui dit en même temps son bonheur de déposer ses voiles. Pour Nelligan aussi, ce cheminement apparaît comme une recherche de la pure réalité, dépouillée de tous les voiles, de toutes les apparences.

À ces chambres closes de l'enfance et de l'hôpital s'oppose l'univers masculin de l'école, auquel il faut relier le salon mondain où Paderewski parle de Chopin et de la Pologne. Tout cela situe le poète face à la société, au monde extérieur, aux influences livresques, aux normes et aux règles de vie, à l'autorité du père. Mais le père étant notoirement absent — le bel euphémisme, lorsque la mère dit de lui qu'il est «assez discret»! —, c'est au recteur et, surtout, à l'instituteur que revient ce rôle. À leurs yeux, il importe d'abord de savoir si l'élève est «bon» ou «docile», respectueux ou indiscipliné. Juger, sévir, condamner; agir selon sa conscience, avoir le sens des responsabilités. Mais comment peut-on punir un poète qui a lu Rimbaud? «On ne renvoie pas un élève modèle, monsieur le recteur.» Et quand l'élève modèle rencontre les célébrités, quand on acclame son œuvre à la radio et dans les anthologies, on lui demande son autographe, on lui rappelle fièrement qu'on a été son maître. Les rôles s'inversent, l'instituteur apprend de l'élève: «peu à peu, je compris qu'au-delà des vertus qui s'incarnaient en moi, j'atteignais son cœur, je partais à la dérive avec lui, je partageais son dégoût...» Dérèglement, non pas de tous les sens, mais d'un ordre convenu par la raison et la société. Au tour de l'instituteur de se sentir «bien fou». Mais s'agit-il de folie? de celle de Nelligan ou de la nôtre? La question est posée, puis laissée en suspens. La seule réponse consisterait, ici encore, à dénoncer les apparences pour s'approcher un peu du génie créateur. Dans cette aventure, le recteur et l'instituteur nous représentent: partis, comme eux, de l'école Olier, nous sommes aussi retournés, avec eux, à l'école de Nelligan.

* * *

«Vous savez que vous êtes un grand poète?» L'instituteur pose la question à son ancien élève, qui ne répond rien. Il repose sa question et, après l'intervention de la Grande «pour rappeler Émile à la réalité», celui-ci donne une réponse énigmatique: «Je suis tout jeune!» Fascinant dialogue, apparemment désaccordé, qui résume toute cette pièce. Comme le dramaturge, l'instituteur observe, interroge, cherche la

17

conscience du poète, lequel ne semble pas comprendre. Sa réponse, pourtant, montre qu'il a bien compris une autre question, jamais formulée et sans laquelle la première ne se poserait peut-être pas: si la carrière de Nelligan n'avait pas été interrompue si tôt, que serait-il devenu? C'est à cette seule «réalité» que la pièce nous convie: interroger un poète «jeune», le retrouver vivant au-delà de la folie et de la mort. Au-delà du temps, avant les derniers coups de l'angélus.

Jean Cléo Godin

Introduction

C'est Émile Nelligan le premier qui a écrit *Rêve d'une Nuit d'Hôpital*. Je me suis permis de lui emprunter son titre pour ma pièce. Lui et moi, nous avions probablement les mêmes raisons de penser qu'au bout du rêve, il y a toujours le risque d'un hôpital. En douze tableaux, j'ai voulu cerner quelque chose qui soit près du rêve, avec tout ce qu'il comporte de «logique», et aussi ce frisson qui l'accompagne, instantané, à la fois subtil et douloureux.

Ces tableaux, cet album d'époque, ne rendent pas compte sans doute d'une biographie. Je me suis gardé de mettre en scène une vie d'Émile Nelligan, dont nous ne savons presque rien, du reste. Partant d'une photographie de collège, et de mille et une anecdotes dont il semble que toute une génération ait été témoin, y compris ce recteur et cet instituteur qui ont fait les carêmes de l'école Olier, je n'ai retenu qu'un fait authentique, que j'ai situé au centre de la pièce: ce jour de l'été 1932, alors qu'en présence des siens, il entendit sans écouter une voix réciter le *Vaisseau d'Or* à la radio. Image du poète arrivé dans l'abîme, et que son récit de l'abîme laisse indifférent.

Rêve d'une nuit d'hôpital n'est pas seulement un récit dramatique centré sur la folie du personnage d'Émile. Les autres personnages, ceux qui l'environnement, y trouvent chacun une part de déraison, comme pour s'intégrer au seul espace possible qui les mette en présence du poète. Ils sont tour à tour des anges et des démons, des sages et des insensés. Midi sonne et midi suspend ce jour de juillet moins pour l'esprit embrouillé d'un poète qu'on sait fou que pour ce recteur raisonnable, pour cette mère sage qui prend conscience tout à coup que « midi est bien long dans cet hôpital », pour cet instituteur et pour ces infirmières qui semblent admettre sans trop d'étonnement que midi occupe l'éternité.

Et si nous n'avions effectivement que douze sons de cloche pour vivre ?

Normand Chaurette

Normand CHAURETTE est né à Montréal en 1954. Le premier Prix du IVe concours d'œuvres dramatiques de Radio-Canada ainsi que le Prix Paul Gilson, attribué à Lausanne en 1976, lui ont été décernés pour *Rêve d'une nuit d'hôpital,* sa première pièce.

Normand Chaurette est également auteur de scénarios et de textes radiophoniques.

RÊVE
D'UNE NUIT D'HÔPITAL

PERSONNAGES

par ordre d'entrée en scène

ÉMILE

L'INSTITUTEUR

LE RECTEUR

LA GRANDE

LA PETITE

ÉVA

GERTRUDE

LA MÈRE

L'INVITÉ

IGNACE PADEREWSKI

L'AMIE

L'ANNONCEUR DE LA RADIO

27

CRÉATION

Rêve d'une nuit d'hôpital a été créée à Montréal, le 9 janvier 1980, au Théâtre de Quat' Sous, dans une mise en scène de Gérard Poirier.

Musique originale de Jean-Philippe Beaudin.

Direction artistique Paul Buissonneau

Direction de
   production .... Mathilde Lheureux

Éclairages .... Claude Accolas

Décor et costumes .. Lorraine Richard

Régie .... Laurent Clément

Montage .... Pierre Gros D'Aillon
                     Michel Lussier
                     Philippe Prud'homme

Avec la participation
   de .... L'Atelier de Costumes Enr.

Production .... Compagnie de Quat' Sous Inc.

DISTRIBUTION

Les rôles étaient tenus par:

Louise ARBIQUE .... Éva
                        La Grande

Hélène GRÉGOIRE ....Gertrude
                       La Petite
Mireille THIBAULT ....La Mère
                        L'Amie

et par:

Serge BRADET ....L'Instituteur
                        L'Invité
Benoît DAGENAIS ....Le Recteur
                        Ignace Paderewski
                        L'Annonceur de radio
Jean-Jacques
   DESJARDINS ....Émile Nelligan
Avec la participation de:
Céline CLÉROUX ....violoncelliste

PROLOGUE

CHŒUR —

Cela commence gravement mais en douceur.
C'est un rai de lumière qui jaillit comme une
chose de métal, une lame ou un miroir.
À moins que ce ne soit une vision...
Le crucifix de bois se transfigure silencieu-
sement en attendant que sonne l'angélus...
Et le temps va-t-il encore s'arrêter? Pourquoi
faut-il que ce soit toujours cette chambre qui
s'éclaire comme un théâtre?
Le poète a des visions!
Il entend les cloches, les portes s'ouvrir et se
refermer, des Bateaux Ivres, des Vaisseaux
d'Or, des flûtes, de la musique baroque et du
Chopin.
Lundi,
onze juillet,
Mille neuf cent trente-deux.

L'angélus sonne dix coups.

1. L'ÉCOLE OLIER, 1902

CHŒUR —
> *Ma pensée est couleur...*
> *Couleur de lumières...*
> *Ma pensée est couleur de lumières...*
> *De lumières... lointaines.*

L'INSTITUTEUR — Midi, monsieur le recteur.

LE RECTEUR — L'angélus ne sonne que dix coups ?

L'INSTITUTEUR — Douze coups, monsieur.

LE RECTEUR — Cela m'étonne. Je n'ai entendu que dix coups.

L'INSTITUTEUR — Vous entendrez bientôt le onzième, puis le douzième.

LE RECTEUR — Ces silences entre chaque son de cloche...

L'INSTITUTEUR — Et cette chaleur derrière... Mais non, ce n'est qu'une fenêtre fermée, le soleil dans toute la pièce ; et à cause de cette vitre, deux fois plus chaud. On étouffe ici. Comme dans une salle d'attente où l'on nous voit d'un mur ou d'un plafond. Le trou est invisible si on ne sait pas où il est. On ne le soupçonne même pas. Mais pour celui qui y prête l'œil, voici la salle en entier et au milieu, assis sur une chaise de métal, prêt à ne pas bouger si l'on vient, voici notre élève, monsieur le recteur. Regardez bien sa main. Elle ne tremble pas. Voyez-vous, cela au moins ça s'explique ; il a peur mais il est trop jeune pour

32

trembler. Cela fera bientôt deux heures qu'il n'aura pas bougé.

CHŒUR —
Du fond de quelque...
crypte...
crypte aux vagues...
profondeurs.

L'INSTITUTEUR — Tenez, monsieur le recteur, penchez-vous et regardez par ce trou, faites une grimace contre le mur et collez votre œil à la fente...

LE RECTEUR — De cet œil je ne vois que ses jambes... voyons de l'autre... Mmm...

CHŒUR —
Elle a l'éclat...

LE RECTEUR — ...j'entends un chuchotement.

CHŒUR —
Elle a l'éclat parfois...
des subtiles verdeurs.

L'INSTITUTEUR — Vous pensez bien que partout ici on conspire. Là-bas, on étudie. Ailleurs, on écrit sur un bulletin, un A, un B, un D le plus souvent... Au réfectoire on prépare la soupe, on y échappe Dieu seul et les sœurs savent quels poisons, on verse de l'eau bouillante sur les pommes de terre déjà en purée. Autant d'oreilles qui ne vivent plus que pour un son de cloche, un remue-ménage, une bombe en même temps que l'alerte...

LE RECTEUR, *après un moment* — Est-il toujours aussi docile ?

L'INSTITUTEUR, *ricanant* — Voici qui vous en
dira long... Voyons, où ai-je mis tout ça ? Là...
ah ! voilà !

CHŒUR —
D'un golfe où le...
le soleil...
abaisse...
où le soleil abaisse ses antennes.

LE RECTEUR — Où avez-vous trouvé ça ?

L'INSTITUTEUR — Où croyez-vous ? Trois bul-
letins...

LE RECTEUR — Laissez-moi voir.

L'INSTITUTEUR — Une version latine chiffon-
née, une récitation striée de rouge... (*Un
temps.*) Deux pastilles... Et ça !

LE RECTEUR, *surpris* — Qu'est-ce que c'est que
ça ? (*L'instituteur a un rire bref.*) Qu'est-ce
que c'est que ça ?

L'INSTITUTEUR — Un chapelet, monsieur le
recteur. Ou du moins... c'était un chapelet...

2. SAINT-JEAN-DE-DIEU, 1932

Une lueur rouge envahit la scène. Émile a un soubresaut. La Grande entre et s'écrie, avec une mauvaise foi évidente :

LA GRANDE — Vous avez l'air ahuri... Mmm... eh bien, vous vous attendiez à voir la Petite ? C'est lundi aujourd'hui, c'est à mon tour... Mmmm... Ne me regardez pas comme ça, je ne vais pas vous manger... Mmmm... parlant de manger, il est midi, vous avez faim ?... Non, évidemment, on ne mange jamais quand c'est la Grande qui sert... Mmm... allez, redressez-vous, secouez-vous un peu, et ouvrez donc cette fenêtre, vous allez crever ici... là... comme ça... *(Émile a un geste brusque pour empêcher la Grande d'ouvrir la fenêtre.)* Attention ! Comme vous êtes maladroit !

ÉMILE, *d'une voix plaintive* — Allez me chercher la Petite...

LA PETITE, *gaie, chaleureuse* — Bonjour !

LA GRANDE — Ah ! vous voilà ! justement il vous appelait.

LA PETITE — Que s'est-il passé ?... Oh ! le gros dégât ! Ce n'est rien, on va ramasser, puis après on va manger.

LA GRANDE — Je vous laisse, et tâchez de le faire parler. Aujourd'hui il a l'air de bouder. *(Elle sort.)*

Émile Nelligan (Jean-Jacques Desjardins)

Photo André Cornelier

LA GRANDE — Non, évidemment, on ne mange
jamais quand c'est la Grande qui
sert...

ÉMILE, *comme inspiré* — C'est dimanche.

LA PETITE, *joyeuse* — Non, c'est lundi ! Hier, c'était dimanche. Et avant-hier, samedi !... *(Elle rit.)* Ce que vous avez l'air en colère ! C'est la Grande, hein ? Elle est gentille pourtant. Je ne peux pas m'occuper du porte-bonheur tous les jours... Comptez-vous chanceux que je vienne au moins les dimanches. La Grande est un peu... un peu froide, mais elle est une sainte. Bien sûr, on ne rit pas toujours lorsqu'on la voit entrer, mais lorsqu'elle repart, on est tranquille. L'ennui, c'est avant qu'elle vienne, eh oui !... Aujourd'hui, est-ce qu'elle a grimacé en voyant toute cette lumière ?... Non, vous ne vous en êtes pas aperçu. Vous devriez l'apprivoiser. Tenez, nous, on a bien réussi...

ÉMILE — La lumière...

LA PETITE — Encore une invention ! Notre porte-bonheur a inventé la lumière ! Vous savez, vous nous apportez la chance et le beau temps. Depuis le début de juillet, il n'a pas cessé de faire ce soleil magnifique, et regardez... juste en plein centre de votre fenêtre, ce n'est pas une chance, ça ? Tout est clair, tout est joyeux ici ! sauf vous évidemment. Vous n'aimez pas le soleil. Vous n'aimez pas la nourriture. Vous n'aimez pas le lait, ni le café. Est-ce qu'il y a des choses que vous aimez ?... Tâchez donc d'avoir plus d'appétit le midi, hein ? Faites de l'exercice, respirez l'air, et prenez les deux coins de votre bouche avec vos doigts et étirez-les jusqu'aux oreilles, comme ça,

aaaaaaaaeeeiiii, ah!... ça vous fait rire! Enfin,
ce n'est pas trop tôt... Maintenant, je parie
que vous avez une faim de loup.

ÉMILE — De lion.

LA PETITE — Enfin la bonne humeur! Un bon jus
d'orange? *(Elle laisse tomber un couteau.)*
Décidément! *(Elle se penche et parle avec
effort.)* Ah! enfin, de la visite aujourd'hui!
Un couteau qu'on échappe, c'est un homme
ou une femme? Vous attendez quelqu'un?
Je sens que monsieur Charbonneau va passer
ce soir... Monsieur Charbonneau était bien
grognon vendredi. On lui dit bonjour, il ne
répond pas, on lui dit qu'il a bonne mine, il
se courbe comme un bossu, il dit je ne sais
quel grognement...

Le chœur donne dix sons de cloche.

LA PETITE, *à voix basse* — Cette soupe est
mauvaise... les œufs... sent pas bon... oh! la
fourchette est sale... je vais en chercher une
autre...

ÉMILE — Les cloches...

LA PETITE — C'est l'angélus. Dites-le tout bas.

ÉMILE — Neuf heures... Dix heures...

LA PETITE — Vous comptez les coups? Il est
midi, le soleil est en plein milieu de votre
fenêtre, il s'installe ici depuis au moins deux
semaines, et les cloches sonnent! Vous n'aimez pas le son des cloches? Alors bouchez
vos oreilles.

ÉMILE — J'aime mieux les cris et les rires. Hier,
c'était dimanche.

3. CACOUNA, ÉTÉ 1896

Rires de jeunes filles au loin, en même temps qu'on entend une musique aux accents inquiétants.

ÉVA —Je veux le ballon!

GERTRUDE — Le ballon est dans le lac, il flotte là-bas!

ÉMILE — Le clocher est très haut!

ÉVA — Regarde, il touche le ciel! C'est le clocher le plus haut du monde. Même Saint-Pierre de Rome ne va pas si haut! *(Elle crie.)* Eh! Où t'en vas-tu comme ça? Où cours-tu? Émile!

GERTRUDE — Émile!

ÉVA — Émile!

GERTRUDE — Il ne nous entend pas. Il est sourd, je pense...

ÉVA — Non, il fait semblant d'être sourd!

LA MÈRE, *d'une voix calme, noble et chaleureuse* — Mais où va-t-il comme ça en courant? Comme il est drôle!

ÉVA — Maintenant il revient.

GERTRUDE — Il fait le cheval!

LA MÈRE — Il y aura des invités à table, ce soir.

ÉVA — Des invités!

GERTRUDE — Lanctot est ici?

LA MÈRE — Nous l'attendons, il devrait arriver bientôt.

GERTRUDE et ÉVA, *pâmées* — Denis Lanctot!

GERTRUDE ET ÉVA, *pâmées* — Denis Lanctot!

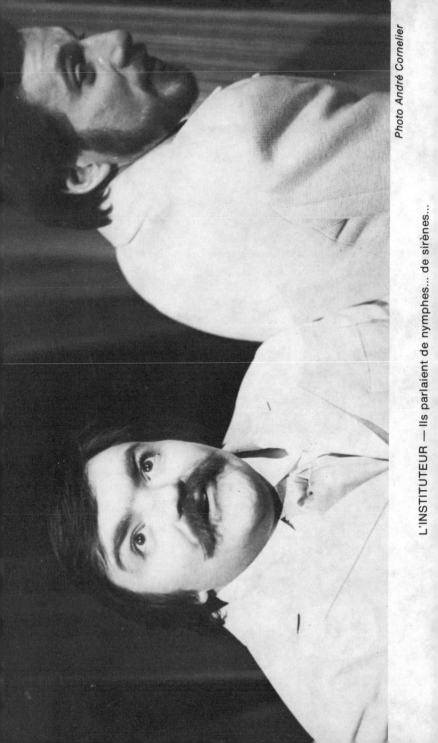

L'INSTITUTEUR — Ils parlaient de nymphes... de sirènes...

LA MÈRE — Éva, tu porteras ta robe blanche?

GERTRUDE — Et moi je veux mettre celle avec des pois!

ÉVA — Je vais le dire à Émile!

LA MÈRE — Allez jouer encore un peu. Emmenez-le aux champs. Tâchez d'être gentilles avec lui. Tâchez de l'emmener jouer, mais tâchez qu'il ne tombe pas, hein? Et puis ne courez pas trop. N'allez pas jusqu'à l'église, c'est trop loin...

4. DE RETOUR À L'HÔPITAL

LA PETITE — La Grande a dit l'autre jour qu'une migraine comme celle-là, c'est anormal en plein juillet. Vous devriez déborder de santé... Allons, mouchez-vous ! Pourquoi riez-vous ?

ÉMILE — Déborder de santé ! Ici, tout déborde d'absurde !

LA PETITE — Vous avez envie de blaguer ! C'est bon signe. Allons, nous n'en ferons pas un cas de conscience, cette grippe est due au changement de température. C'est vrai qu'en juin, il a plu tout le temps et qu'il a fait un temps de Pôle Nord. C'est rare qu'il fasse si froid au mois de juin. Surtout après un si beau mois de mai... Il faut admettre aussi que la nuit dernière, et même les autres nuits, vous avez pu prendre froid... Qui ouvre cette fenêtre lorsque vous dormez ? Mmmm... Ma foi, vous êtes somnambule ? Notre porte-bonheur a des visions ! C'est un grand plaignard !... Dites « a ».

ÉMILE — « A ».

LA PETITE — « Aaaaaaaaa... » Gardez la bouche ouverte. Comme ça. Mmmm... Votre gorge est profonde... Oh, le beau rouge, un gouffre... Oh, j'y vois la lave des volcans, t, t, t ! on ne cesse pas de dire « a ». On en perd le souffle, ça ne fait rien c'est bon pour la santé...

ÉMILE, *un doigt dans la bouche* — A'ec 'ous, tout est 'on pour la santé...

LA PETITE — Chut! Vous m'empêchez de voir. Avalez, vous avez les joues pleines de salive. Allez, essuyez-vous. Mais non, pas comme ça, apprenez à vous servir d'une serviette, mon Dieu! Bon. Et ne me regardez pas comme ça. Est-ce que j'ai l'air d'une sorcière? Ha, Ha! Je me demande bien comment il se fait que cette fenêtre s'ouvre d'elle-même au beau milieu de la nuit... Nous réveillons-nous en sursaut? Voyons-nous des religieuses veiller dans le corridor, même lorsque la porte est fermée? Non plus. Rêvons-nous encore que nous avons le mal de mer? Tant mieux! C'est parce que vous vous reposez comme il faut, vous voyez, quand on se repose bien, on voit toujours le résultat. (*Un temps.*) Avez-vous revu votre mère?

ÉMILE — Je l'ai vue... hier... non, dimanche, je l'ai vue dimanche... À Cacouna.

LA PETITE — Vous ne mangez pas?

ÉMILE — Je l'ai vue... elle disait que j'avais chaud...

LA PETITE — Vous ne mangez rien. Vous n'aimez pas le chou-fleur? Vous ne buvez pas du jus d'orange? Notre porte-bonheur ne mange que la moitié d'un petit pain et il laisse le reste, une soupe, un beurre, un légume, une viande, un dessert. Et dans une heure il va se plaindre, il va dire qu'il a faim, il va nous accuser de le laisser mourir, et il ne se souviendra même pas qu'on l'aura chicané pour ne pas avoir mangé à midi! À votre âge! (*Elle rit.*) Je vous ta-qui-ne! De l'eau glacée,

45

maintenant, pour chasser le serpent rouge dans les amygdales? Ou peut-être encore notre petit sirop d'abricot, cette fois il ne faudra pas le renverser, ne prenez donc pas l'habitude de boire au lit. D'ailleurs, vous n'êtes pas malade. Une petite grippe des fois de temps en temps, c'est ce qui nous tient en vie, non? Si on n'avait jamais la grippe, on perdrait toute notre énergie sans jamais pouvoir la récupérer, vous ne pensez pas? Sortez un peu. Et n'oubliez pas que vous organisez la soirée de demain. Vous êtes-vous préparé? (*Un temps.*) Bien sûr que non! Vous allez encore improviser, et on va bien rire! La dernière fois...

ÉMILE, *l'interrompant* — C'est demain?

LA PETITE — Demain mardi, mais oui! Quel jour croyez-vous que nous sommes? Bon, je me sauve. Je vais vous chercher du sirop. Au fait, qu'est-ce qu'elle vous a dit d'autre, votre mère?

ÉMILE — Elle m'a dit de vous saluer! (*Il éclate de rire.*)

LA PETITE, *riant elle aussi* — Notre porte-bonheur est un grand farceur! Bon, à plus tard!

La porte claque violemment. Émile a un cri de dégoût, cri qui va d'un gémissement bestial à une plainte angoissée. La porte s'ouvre à nouveau.

46

LA GRANDE — Qu'est-ce que c'est? Encore vous?... Mmmm... Qui a claqué cette porte? C'est le vent? Il fait chaud ici... Mmmm... Où est passé la Petite? *(Un temps, puis elle demande avec force:)* Je vous pose une question! Où est passée la Petite? *(Nelligan gémit, comme épuisé.)* ...Ah, la voilà!

LA PETITE, *chuchotant, apeurée* — C'est lui qui a crié?

LA GRANDE — Si on peut appeler ça un cri.

LA PETITE — Aussitôt que je suis sortie...

ÉMILE, *las* — La porte...

LA GRANDE — Vous claquez toujours les portes. Où vous croyez-vous? Au théâtre? Ou au réfectoire?

LA PETITE — Il n'aime pas le bruit.

LA GRANDE — Pas plus que n'importe qui. C'est silence ici. Il y a des gens qui se reposent sur tout l'étage. Il y a déjà bien assez de bruit à l'heure des repas sans qu'on claque les portes... Mmmm... Qu'est-ce que vous avez là?

LA PETITE — Du sirop d'abricot glacé. Il fait si chaud aujourd'hui...

LA GRANDE — Mais vous fermerez tout de même les fenêtres à quatre heures. Aussitôt que le soleil passe de l'autre côté de l'aile, il y a des courants d'air dans tout le pavillon... Quelle heure est-il?

LA PETITE — Midi. J'entends les cloches.

LA GRANDE — C'est vrai, où ai-je la tête! Je m'en vais au réfectoire. Et tâchez de ne pas être en retard.

47

Elle s'éloigne et la porte se referme douce-
ment.

LA PETITE, *un temps* — Crier comme ça pour
   un bruit, un courant d'air...
ÉMILE — Il n'aime pas les portes qui font du
   bruit.
LA PETITE, *intriguée* — Qui ça?
ÉMILE — Lui.
LA PETITE — Ah, lui? Vous croyez qu'il a
   entendu?
ÉMILE — Il a fait un saut.
LA PETITE, *qui parle doucement, comme inspi-*
   rée — Il faut lui demander pardon. Il en a
   déjà bien assez d'être cloué sur une croix et
   d'avoir des épines tout autour de la tête...
   Rien ne lui déplaît autant.
ÉMILE — Il n'aime pas la Grande.
LA PETITE, *maternelle* — Vous me faites rougir...
   Vous croyez vraiment qu'il m'aime plus que la
   Grande? Mais vous avez tort...
ÉMILE — Il s'émerveille en vous voyant entrer...
LA PETITE, *un temps* — Poète!... Il aime aussi
   la Grande, et aussi toutes les autres, les peti-
   tes, les moyennes, les grandes... Son amour
   ne connaît pas de frontières... D'ailleurs, vous
   le savez!... Ne faites pas semblant de ne pas
   le savoir... Vous faites toujours semblant de
   tout... Je ne serais pas surprise qu'un jour des
   choses finissent par faire semblant de vous
   arriver...

5. L'ÉCOLE OLIER

CHŒUR —
> *Ma pensée est couleur de lumières lointaines*
> *Du fond de quelque crypte aux vagues*
>> *[profondeurs*
> *Elle a l'éclat parfois des subtiles verdeurs*
> *D'un golfe où le soleil abaisse ses antennes.*

L'INSTITUTEUR — Il a toujours été aussi docile. Mais tout ceci prouve bien sa mauvaise foi. Depuis quand écorchons-nous un pupitre avec une croix de chapelet? Nos punitions ne sont pas assez sévères pour ce qu'il mérite. La chaise, le coin, l'étude supplémentaire, même le confessionnal, ce sont tous des endroits où il se plaît. Lui dire de se tenir immobile pendant deux heures, c'est le récompenser, monsieur le recteur.

LE RECTEUR — J'ai songé... à ces... ces punitions dites... corporelles...

L'INSTITUTEUR, *un cri* — Dieu nous en garde! Battre un enfant, c'est un crime!

LE RECTEUR — C'est le corriger.

L'INSTITUTEUR — Vous êtes bien catégorique...

LE RECTEUR — Il se complairait sans doute moins dans la souffrance physique que dans la solitude...

CHŒUR —
> *En un jardin sonore*

LE RECTEUR — Immobile depuis deux heures... Pour lui, je pense que le temps n'existe pas.

L'INSTITUTEUR — Je vous crois! Effectivement, rien n'existe pour lui lorsqu'il est en
pénitence.

CHŒUR —
Aux soupirs des fontaines...

LE RECTEUR — Une décision s'impose. Je vous
suggère le renvoi.

L'INSTITUTEUR — Le renvoi! Le renvoi! C'est
tout ce que vous dites! Est-ce qu'on renvoie
un génie?

LE RECTEUR — Vous croyez que...

L'INSTITUTEUR — On ne renvoie pas un élève
modèle, monsieur le recteur. Notre écolier a
eu dix en thème latin, neuf en version, dix-
neuf sur vingt en composition. Premier en
récitation, troisième en anglais...

CHŒUR —
Elle a vécu dans les soirs doux...
Dans les odeurs...
Le odeurs, les odeurs, odeurs...

LE RECTEUR, *ébahi, mais calme* — Quoi? notre
écolier sait déjà décliner? Il comprend le
grec, l'anglais?

L'INSTITUTEUR — À l'école Olier, les élèves dé-
clinent dans toutes les langues, monsieur le
recteur! Celui-ci, c'est un cas particulier, il
décline aussi en russe, en norvégien, en japo-
nais, en espagnol. Les classiques, il les a tous
lus. Bien sûr, il lit aussi les journaux, il vous
parlera de la ruée vers l'or. Il fréquente Ignace
Paderewski et il revendique l'indépendance
de la Pologne.

LE RECTEUR — Quel âge a-t-il?

L'INSTITUTEUR — Si aujourd'hui il est en pénitence, veuillez croire que ce n'est pas pour
rien ; d'abord, il y a ce chapelet, mais c'est
une bagatelle si l'on songe à ce que...

LE RECTEUR, *impatient* — Qu'a-t-il fait d'autre ?

CHŒUR —

Ma pensée est couleur de lumières lointaines

L'INSTITUTEUR — Il a lu Rimbaud.

LE RECTEUR, *cherchant ses mots, soucieux* —
Vous... vous connaissez les règlements... for-
mels de notre maison... Vous savez aussi
qu'il est uniquement de ma compétence...
pour ainsi dire... de voir à ce que ces règlements soient appliqués... bref, c'est à moi qu'il
incombe de punir ce délit...

L'INSTITUTEUR — Je parlerai à sa mère.

LE RECTEUR — Ou à son père, ce sera plus efficace. Quant à nous... *(Confidentiel.)* Auriez-
vous eu connaissance que d'autres écoliers...

L'INSTITUTEUR — Denis Lanctot, monsieur le
recteur.

LE RECTEUR — De mieux en mieux ! Et celui-là,
ça ne me surprend pas.

L'INSTITUTEUR — Pourtant, ce sont des premiers de classe.

LE RECTEUR — Des premiers de classe tant
que vous voudrez !

L'INSTITUTEUR — Et ils ne lisent pas durant les
cours, soyez-en certain ! Heu... du reste, c'est
à la récréation que j'ai mis la main sur ces
bouquins, malgré moi j'entendais leur conversation...

LE RECTEUR — Eh bien ?

L'INSTITUTEUR — Ils parlaient de nymphes... de sirènes...

LE RECTEUR — Ah!

L'INSTITUTEUR — ...De b... baisers... de volupté. Enfin de bien des choses.

LE RECTEUR — Quoi encore?

L'INSTITUTEUR — Heu... heu... des choses qui m'échappent.

LE RECTEUR — Ou que votre vertu vous empêche de nommer?

L'INSTITUTEUR — Bref, considérant que leur propos était pour le moins... étrange, je me suis approché, j'ai vu que Lanctot cachait quelque chose qui ressemblait à un livre, je lui ai demandé quel livre c'était...

LE RECTEUR — Et qu'est-ce qu'il a répondu?

L'INSTITUTEUR — Il m'a dit que c'était son livre de grammaire. Mais, voyez-vous j'avais pu voir la reliure bleue. Or, vous savez que nos grammaires ont des reliures noires...

LE RECTEUR, *impatient* — Enfin! Mais après... ils ont avoué?

L'INSTITUTEUR — Ils ont tout avoué, monsieur le recteur.

LE RECTEUR — Rimbaud?

L'INSTITUTEUR — Rimbaud, Baudelaire, *Madame Bovary* et... et *L'Assommoir* de Zola.

LE RECTEUR, *sévère* — C'est du joli! Je vous félicite, vous avez, comme vous dites, des élèves modèles.

L'INSTITUTEUR — Enfin qui n'est pas tenté, à cet âge surtout...

LE RECTEUR — Est-ce que c'est une raison pour que tout soit permis?

L'INSTITUTEUR — Excusez-moi, monsieur le recteur, mais je ne suis pas sûr qu'il faille les renvoyer.

LE RECTEUR — Et ma conscience? Et mon devoir?

L'INSTITUTEUR — Monsieur le recteur, c'était mon devoir à moi de vous rapporter ceci, et je l'ai fait uniquement parce que je dois faire ce que je dois faire. Mais celui-ci, je ne sais comment vous dire, celui-ci, j'en suis persuadé, c'est un bon petit garçon.

LE RECTEUR — Quel âge a-t-il?

L'INSTITUTEUR — Son âge n'a pas d'importance. D'ailleurs, il paraît plus vieux qu'il ne l'est. Il a douze ans.

LE RECTEUR — L'âge où l'on joue au ballon et où l'on vole de la confiture!

L'INSTITUTEUR — L'âge où l'on joue au ballon et où l'on vole de la confiture! L'âge où on lit les évangiles et où l'on découvre ce qu'est la vocation. Oubliez l'incident, je vous le demande. D'ailleurs, est-ce que nous n'avons pas l'air de conspirer nous aussi? Nous ne nous voyons pas tous deux collés contre ce mur pour voir le moindre de ses gestes, un clignement de paupière, et quoi encore!

LE RECTEUR, *songeur* — On dirait qu'il est mort.

CHŒUR —

Ma pensée est couleur de lumières lointaines
Du fond de quelque crypte aux vagues
profondeurs...

L'INSTITUTEUR — C'est un enfant assis...

CHŒUR —
Elle court à jamais...

L'INSTITUTEUR — ... perdu dans quelque réflexion sage...

CHŒUR —
Les blanches prétentaines...

L'INSTITUTEUR — ...un être muet, aveugle, sourd aussi...

CHŒUR —
Aux pays angéliques...

L'INSTITUTEUR — ...on l'a vissé à cette chaise de métal qui grince sitôt qu'on la déplace.

CHŒUR —
Où montent ses ardeurs...

L'INSTITUTEUR — À première vue, je vous l'accorde, on le croirait mort depuis peu.

CHŒUR —
Et loin de la matière...

L'INSTITUTEUR — Mais il vit.

CHŒUR —
Et des brutes laideurs...

L'INSTITUTEUR — Ne serait-ce qu'à cause de ce « grand front studieux ».

CHŒUR —
Elle rêve l'essor aux célestes Athènes...

Silence.

LE RECTEUR — Une image... une image, je vous dis !

54

L'INSTITUTEUR — Chchchch! Il pourrait vous entendre. Que diriez-vous si l'on vous punissait et que, vous croyant seul, vous vous doutiez tout à coup qu'on vous épie?

LE RECTEUR — Vous croyez qu'il m'a entendu?

L'INSTITUTEUR — Allez savoir! On hurlerait qu'il ne fermerait même pas les yeux. Je vous le dis, il est bizarre. L'autre nuit, j'ai rêvé qu'il était en enfer. Il côtoyait les Pharisiens et il implorait Lazare. Bien sûr, c'était une parabole... Mais je crois beaucoup aux paraboles. Elles en disent long sur les êtres...

LE RECTEUR, *sévère* — Tiens! Vous avez lu Rimbaud?

L'INSTITUTEUR, *après un temps, narquois* — Et vous aussi, monsieur le recteur!

6. UNE PROMENADE À CACOUNA

LA MÈRE — C'est dommage, j'aurais aimé rencontrer votre femme. Pourquoi ne l'avez-vous pas emmenée?

L'INVITÉ — Il aurait fallu emmener les enfants. Et d'ailleurs, elle n'est pas en santé depuis quelque temps.

LA MÈRE — L'air de la campagne lui aurait fait du bien. Tenez, vous l'emmènerez le mois prochain... La route n'est pas tellement longue, elle aimera le paysage...

L'INVITÉ — Le mois prochain, c'est promis. Vous avez raison. Ici, tout le monde est plein de santé! Ce repas était délicieux! On mange toujours bien comme ça, à Cacouna? C'est le paradis ici. On se croirait parmi les anges. *(Rire des sœurs.)* Celui-là, surtout, c'est le plus jeune? Il y a beaucoup de bizarreries dans ces yeux-là... *(À Émile:)* Je... Je me suis laissé dire que vous étiez le premier en versification. Je vous félicite. Moi aussi j'ai étudié la poésie, quoique ce n'était pas bien vu... Vous connaissez Baudelaire? «Là, tout n'est qu'ordre et beauté...»

ÉVA — «Luxe, calme et volupté»! C'est Émile qui m'a appris.

LA MÈRE — Ces deux-là passent leur temps à lire. Si vous voulez parler de Baudelaire, je vous mets en garde!

L'INVITÉ — *Les Fleurs du mal!*

ÉVA — Les voyages!

GERTRUDE — L'âme ou la soif de mourir!

LA MÈRE, *riant* — Mon Dieu!

L'INVITÉ — Des enfants parler comme ça!

LA MÈRE — C'est une mauvaise habitude qu'ils ont de toujours rêvasser. Et moi, sans le vouloir, sans même m'en rendre compte, je les encourage!

L'INVITÉ — Qui pourrait vous en blâmer?

LA MÈRE, *pensive* — Mon mari, peut-être...

L'INVITÉ, *amusé* — Ah! les maris!...

LA MÈRE, *se reprenant* — Quoique le mien soit assez discret!

L'INVITÉ — Il travaille beaucoup?

LA MÈRE — Sans cesse. Mais il a bien fallu que je m'y habitue... Sans quoi les étés seraient longs. Alors j'invite des gens, des amis... Je partage mes dimanches avec eux...

L'INVITÉ — Je suppose qu'on ne refuse jamais?

LA MÈRE — Par politesse, probablement. Bah! Pourvu que les autres se plaisent chez moi, et tant pis si on me trouve accapareuse!

L'INVITÉ — Mais pas du tout!

LA MÈRE — Il y a des gens, vous savez, qui n'aiment pas qu'on insiste pour les recevoir. Tenez, mon mari a horreur qu'on l'invite.

L'INVITÉ — Il a tort!

LA MÈRE — Mais vous remarquerez que c'est un homme qui n'est jamais à la maison!

L'INVITÉ — Ah, c'est un fait!

LA MÈRE — Au fond... je le comprends un peu...

ÉVA — Émile n'a rien mangé.

GERTRUDE — Il ne se nourrit que de l'air, comme les anges.

Rires des sœurs.

ÉVA — Un ange !

GERTRUDE — Un ange avec des ailes, du rouge sur les lèvres, et les mains blanches, sans lignes !

ÉVA — C'est vrai, regarde ses mains !

GERTRUDE — Pour avoir des doigts comme ça, moi...

ÉVA — Moi, je jouerais du piano, ma vie pour jouer du piano... tristement... lan-gou-reu-se-ment... pas-sion-né-ment...

Jeu. Les sœurs entraînent Émile dans une ronde. L'instituteur apparaît et s'écrie...

58

7. LA COLÈRE DE L'INSTITUTEUR

L'INSTITUTEUR, *sévère, d'une voix forte* —
Abstraction! Tout ça n'existe que dans les
livres. *Les Illuminations!* Mais où avez-vous
trouvé ça? Je vous parle, répondez-moi! Et
vous vous permettez de rire! Imaginez-vous
donc que Rimbaud n'avait aucune instruc-
tion! Il ne connaissait rien à rien. Il flânait!
Il rêvait, et le pire, c'est bien qu'il ne rêvait
pas à n'importe quoi... *(Un temps.)* Il vous
apparaît, vous dites? *(Il parle plus calme-
ment, mais sans cesser de maugréer.)* Il vous
apparaît! Entre deux réponses de catéchisme,
probablement...

UNE VOIX —
Christ, ô Christ éternel voleur d'énergie.

L'INSTITUTEUR — Vous entendez des vers! Et
de la musique tant que vous y êtes!

UNE VOIX —
Un chant mystérieux tombe des astres d'or.

L'INSTITUTEUR — J'écrirai à votre père... et je
dirai à votre mère...

UNE VOIX —
*Tas de chiennes en rut mangeant des cata-
plasmes.*

L'INSTITUTEUR — Et qu'est-ce que vous écri-
vez lorsque vous nous faites croire que vous
rédigez un devoir? Vous êtes un cancre. Vous
savez ce que c'est, un cancre? C'est un élève
comme vous, voilà ce que c'est! Et puis vous

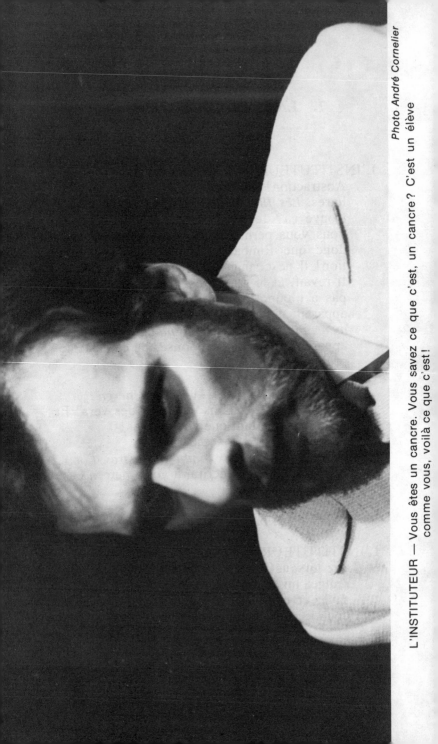

Photo André Cornelier

L'INSTITUTEUR — Vous êtes un cancre. Vous savez ce que c'est, un cancre? C'est un élève comme vous, voilà ce que c'est!

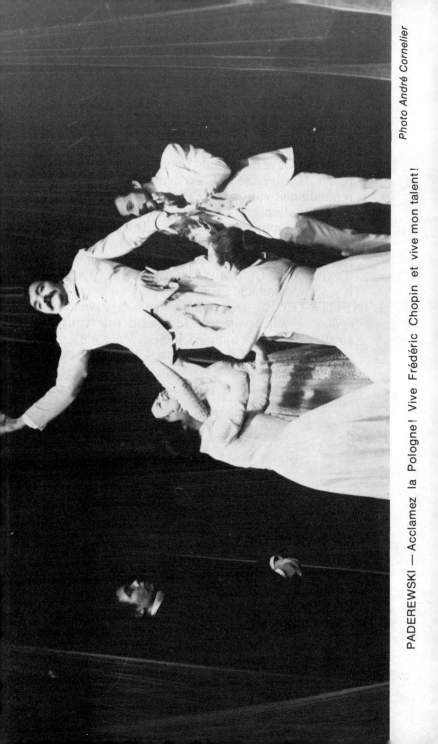

PADEREWSKI — Acclamez la Pologne! Vive Frédéric Chopin et vive mon talent!

continuez de sourire ! *(Doux et à la fois mena-
çant.)* Et ce n'est pas tout. Lanctot m'a dit
que lorsque je vous avais raconté ce rêve,
ce rêve que vous étiez en enfer, c'est vrai
que vous avez répondu que je n'avais pas
rêvé ? *(Crescendo.)* C'est vrai ? Vous avez
répondu que vous y étiez vraiment ? Que l'école c'était l'enfer ? Que tant on y allait qu'à
la fin on y mourait ? *(Des cris.)* Dites-le ! Que
les âmes du Purgatoire sont des inventions
pour nous effrayer ! Dites-le ! Dites que Dieu
n'existe pas. Qu'il n'y a que le diable ! Qu'il
n'y a que Rimbaud ! Rimbaud !

L'INSTITUTEUR, *redevenant calme, comme
épuisé* — Allez-vous-en. Je vous dis de vous
en aller. Personne n'aime l'école… Vous n'êtes
pas le seul… Mais les autres travaillent…
Pas vous… alors allez-vous-en. Allez-vous-en !
(À peine perceptible.) Allez-vous-en… allez-
vous-en…

8. UNE SOIRÉE À LA SALLE WINDSOR, OCTOBRE 1899

On devine une réunion d'intellectuels ; bruits mondains.

PADEREWSKI — Acclamez la Pologne ! Vive Frédéric Chopin et vive mon talent !

Rires et applaudissements.

L'AMIE, *l'interpellant* — Monsieur Paderewski !...
Monsieur Paderewski...
PADEREWSKI — Vous êtes poète ?
L'AMIE — Moi ?
PADEREWSKI — Oui, vous !
L'AMIE — Heu... je ne sais pas...
PADEREWSKI — Vous ne savez pas quoi ? *(Il rit.)*
Que nul n'entre ici s'il n'est philosophe, disait
Platon. Moi je vous dis : que nul n'entre ici
s'il n'est un artiste ! *(Criant.)* Poètes ! Autres
gens de lettres ! Acclamez la Pologne ! Vive
l'indépendance !

La foule se tait.

L'AMIE — C'est un révolutionnaire !

*Tous répètent. Émile crie bravo et la foule
suit.*

63

PADEREWSKI, *excentrique* — Oui, un révolutionnaire! Et un musicien fanatique de Frédéric Chopin! Qui aime Chopin?

La foule crie et s'adoucit.

L'AMIE — Depuis quel âge jouez-vous du piano, monsieur Paderewski?

PADEREWSKI, *comme ivre* — J'ai cent ans et je les ai tous connus, Brahms, Chopin, Liszt, Berlioz, et j'en ai connu bien d'autres: Bach, Buxtehude, Haendel, Haydn. Je connais leurs tempéraments et leurs exigences. Je suis leur maître et le maître de mon pays.

L'AMIE — Parlez encore... Il me semble que lorsque vous parlez... *(Bruits dans la foule.)* Silence! Ignace Paderewski est au piano! *(La foule se tait.)* Parlez encore!

PADEREWSKI — À quoi bon! On ne m'écoute pas...

L'AMIE — On vous écoutera, je vous le promets.

Paderewski vient pour marquer un accord et tous se figent.

PADEREWSKI — Êtes-vous poète?

L'AMIE — Moi? Non. Mais Émile Kovar est poète.

PADEREWSKI — Émile Kovar?

L'AMIE — Son vrai nom est Lennigan ou Nelligan.

PADEREWSKI — Il a donc plusieurs noms?

L'AMIE — Si vous criez «Watteau», il tournera la tête.

PADEREWSKI — Watteau?

L'AMIE — Watteau, Baudelaire ou... ou Rimbaud !

PADEREWSKI — Rimbaud? *(Appelant.)* Rimbaud !

Émile tourne la tête et tous le regardent.

TOUS — Vous voyez, il vous a entendu.

PADEREWSKI — Il écrit beaucoup?

L'AMIE, *un temps* — Pour dire vrai... nous ne savons pas. Mais c'est un poète, ne serait-ce qu'à cause de la tête qu'il fait quand on l'appelle Rimbaud...

PADEREWSKI *se prépare à marquer un accord puis* — Qui est Rimbaud?

9. DE RETOUR À L'HÔPITAL.
LA VISITE DE L'INSTITUTEUR

Un violent claquement de porte. Émile a un cri d'écœurement. Silence.

LA GRANDE, *de l'autre côté de la porte* — Ouvrez-moi donc! Vous vous êtes enfermé. À quoi pensez-vous? *(Plus fort.)* Ouvrez! Ouvrez! *(Silence.)* Bravo! Vous êtes content? De quoi avez-vous l'air? Je vous le demande gentiment, ouvrez-moi. Est-ce que vous m'entendez?

ÉMILE — Non.

LA GRANDE, *plus calme* — Avez-vous peur de moi?

ÉMILE — Je n'entends rien.

Il a un rire qui commence normalement et qui devient hystérique. Il se tait brusquement.

LA PETITE, *de l'autre côté de la porte* — Il s'est enfermé?

LA GRANDE — Ce doit être le vent. Comme l'autre jour. La porte a claqué et il a poussé un cri de sauvage. J'en ai encore le frisson.

LA PETITE — Est-ce que vous m'entendez? Houhou! C'est moi la Petite! Ouvrez-moi la porte!

LA GRANDE — Vous voyez, ça ne marche pas.

66

LA PETITE — Mais oui, ça marche! Tenez, il se lève tranquillement, il s'en vient vers la porte... Il met la main sur la poignée... et il ouvre... Vous ouvrez, n'est-ce pas? Il ouvre doucement la porte.

La porte s'ouvre doucement. L'instituteur entre.

L'INSTITUTEUR — Bonjour, monsieur.
ÉMILE, *très homme du monde* — Bonjour... Entrez.
L'INSTITUTEUR — Vous allez bien?
ÉMILE — Très bien merci. Et vous?
L'INSTITUTEUR — Comme ci, comme ça. Je vous remercie d'avoir bien voulu me recevoir.
ÉMILE — Ça me fait plaisir... Asseyez-vous.
L'INSTITUTEUR — J'aimerais que vous m'autographiez cette *Anthologie des poètes canadiens...*
ÉMILE — Laissez-moi voir. Hé, c'est une vieille édition, mais je pense qu'elle est tout de même assez complète...
L'INSTITUTEUR — J'ai lu *Clair de Lune Intellectuel* et j'ai beaucoup aimé «*Ma pensée est couleur de lumières lointaines...*
LA PETITE et LA GRANDE —
«*Du fond de quelque crypte aux vagues
                                [profondeurs*»
ÉMILE — Où voulez-vous que je signe?
L'INSTITUTEUR — Tenez, c'est ici. Prenez ma plume.
«*Elle a l'éclat parfois des subtiles verdeurs*»

67

ÉMILE — Voilà.

L'INSTITUTEUR — Merci beaucoup.

   «*D'un golfe où le soleil élève ses antennes.*»

LA PETITE et LA GRANDE —

   ABAISSE ses antennes.

L'INSTITUTEUR — Vous vous rappelez de moi, monsieur Nelligan? Je vous ai enseigné lorsque vous étiez tout petit. Vous vous souvenez de l'école Olier?

ÉMILE — «*Elle court à jamais les blanches*
                                        [*prétentaines,*
   «*Au pays angélique où montent ses ardeurs;*
   «*Et loin de la matière et des brutes laideurs...*

Il s'interrompt et il rit gentiment.

L'INSTITUTEUR — Vous savez de mémoire tous vos poèmes?

ÉMILE — Je le pense...

L'INSTITUTEUR — Combien en avez-vous écrit?

ÉMILE — Des tas.

L'INSTITUTEUR — J'ai... j'ai beaucoup entendu parler de l'École Littéraire de Montréal. C'est un sujet qui me tient beaucoup à cœur.

ÉMILE — Venant de vous, cher monsieur, ça ne me surprend pas. Vous vous intéressiez beaucoup aux belles choses.

L'INSTITUTEUR — Nous avions de longues conversations, aux récréations, vous vous souvenez?

ÉMILE — Heu... C'est un peu vague, mais nous avions des choses en commun, vous et moi...

68

L'INSTITUTEUR — C'est étrange... Après tant
   d'années, tous ces souvenirs qui nous restent !
ÉMILE, *évasif* — Le temps... Le temps...

Il fixe le vide, devient absent, tout à fait.

L'INSTITUTEUR — Vous savez que vous êtes un
   grand poète ?
ÉMILE — ...
L'INSTITUTEUR — Est-ce que vous savez que
   vous êtes un grand poète ?
LA GRANDE, *pour rappeler Émile à la réalité* —
   Mmm !
ÉMILE — Je suis tout jeune !...
L'INSTITUTEUR — Parlez-moi de vos amis...
ÉMILE — Ils sont tous morts. Ils sont morts de
   m'avoir vu !
L'INSTITUTEUR — Hé !
ÉMILE — Mais j'ai revu monsieur Desaulniers
   l'autre nuit. Lui et bien d'autres... Ils venaient
   de l'au-delà. On revoit parfois les morts...
   Moi aussi je suis mort... Mais quand je dis
   ceci, c'est une allusion que je fais...
L'INSTITUTEUR — Vous savez ce qu'on dit de
   vous dans les livres ?
ÉMILE — Qu'est-ce qu'on dit ?
L'INSTITUTEUR — « Il apprit à donner une ex-
   pression subtile à sa névrose géniale. Sa *Ro-
   mance du Vin* est célèbre. »
ÉMILE — Oui... Mais à quoi est-ce que ça me
   sert ?
LA MÈRE — Tu ne te fatigues pas trop ?
ÉMILE — Je n'aime pas la Grande.

ÉMILE — Mais j'ai revu monsieur Desaulniers
l'autre nuit.

LA MÈRE — Au fait, je ne t'ai pas dit? Papa est
    mort...

ÉVA — C'est qui, la Grande?

ÉMILE — Oh, personne.

GERTRUDE — Tu vas revenir nous voir, comme l'autre jour?

LA MÈRE — Comme il fait chaud!... Nous allons bientôt devoir partir. Il est midi.

ÉVA — C'est l'angélus, déjà?

LA MÈRE — Dis au revoir. Viens, Gertrude.

GERTRUDE — Tu vas revenir à Ahuntsic? Demande à monsieur Desaulniers qu'il te ramène.

Bruit d'un poste de radio qu'on ajuste.

L'ANNONCEUR, *d'une voix emphatique —*
«*...Révélaient des trésors que les marins profanes,*
Dégoût, Haine, et Névrose, entre eux ont disputés.»

ÉVA — Écoutez! Écoute! On parle de toi.

L'ANNONCEUR — «*Que reste-t-il de lui dans la tempête brève?*»
Qu'est devenu mon cœur, navire déserté?
Hélas! Il a sombré dans l'abîme du Rêve!»
Vous venez d'entendre *Le Vaisseau d'Or* d'Émile Nelligan, récité par Jean Charbonneau à «L'heure provinciale». Il est midi, c'est l'angélus.

ÉVA — «*Ses mâts touchaient l'azur, sur des mers inconnues!*»

GERTRUDE — As-tu entendu?

LA MÈRE — As-tu entendu?

ÉMILE, *indifférent* — Ou... Oui...

LA MÈRE — Et alors? C'était bien dit?

72

ÉMILE — Quoi?

LA MÈRE — Porte-toi bien. Nous reviendrons. Bientôt. J'espère que tu guériras ta fièvre. Et ouvre un peu cette fenêtre, hein? Tu n'as pas chaud parfois? Il me semble que... Ah! On se croirait en Afrique!

ÉMILE — Ou en enfer!

LA MÈRE — Ne dis pas cela. Je trouve que tu n'as pas l'air en santé.

ÉMILE — Voulez-vous que je vous signe un poème, madame?

LA MÈRE — Demain si tu veux.

ÉMILE — Maintenant.

LA MÈRE — Je n'en ai pas apporté, aujourd'hui... Est-ce qu'il fait toujours aussi clair dans cette chambre?

ÉMILE — Oui, lorsque vous êtes là, madame.

LA MÈRE — Veillez à ce qu'il ne manque de rien, hein?

LA GRANDE — Nous y veillons, madame.

LA PETITE — Il ne manque de rien, soyez-en sûre. Oh! On peut dire qu'avec nous il est gâté.

LA MÈRE — Je ne serai pas toujours là pour en prendre soin.

LA PETITE — Bien sûr, madame.

LA GRANDE — Il reçoit souvent des visites.

LA MÈRE — Des gens bien, j'espère?

LA PETITE — Irréprochables, c'est le moins qu'on puisse dire.

LA MÈRE — Mange-t-il bien?

LA GRANDE — Trois fois par jour.

LA PETITE — C'est justement l'heure du dîner. Il est midi.

LA MÈRE — Bon, je m'en vais.

LA GRANDE — Vous n'êtes pas pressée ?

LA MÈRE — Mais puisqu'il est midi ?

LA PETITE — Il est toujours midi ! L'angélus n'a sonné que dix coups, vous savez.

LA MÈRE — Eh bien ?

LA GRANDE — Il sera encore midi tout à l'heure…

LA MÈRE — Midi est donc bien long dans votre hôpital ?

LA PETITE — Oui… Midi nous paraît durer des heures… mais si vous saviez !… Ce n'est rien si l'on compare avec la nuit… Ici le temps s'arrête entre chaque son de cloche… la nuit surtout…

On entend un violoncelle qui chante en solo.

LA MÈRE — « La nuit surtout… ah, je te jure que c'est tout un hôpital ! Mais il semblait en assez bonne santé, que peut-on espérer de plus ! Après chaque visite, monsieur Desaulniers me ramène à la maison, en automobile. Chère Gertrude, j'espère que vous vous portez bien, toi, ton mari, et les enfants. J'attends de tes nouvelles, je t'embrasse, Maman. »

GERTRUDE — « Je vous envoie une photographie des enfants. Comme vous voyez, ils ont déjà beaucoup changé. Derrière, ce sont nos terrains. Ils sont grands. Les grandes terrasses de la Virginie valent cent fois les forêts de Cacouna. Éva s'y plaît beaucoup… »

74

ÉVA — « À son âge, ta sœur Éva retrouve avec un désir revêche les plus belles années de son enfance ! Je cours comme une idiote et ce n'est que le soir, lorsque je suis essoufflée et rompue, que j'ai du mal à me pardonner ce sacrilège d'avoir couru, ô mon frère... »

LA MÈRE — Te souviens-tu seulement que tu as un frère, démone ?

GERTRUDE — Il est horrible, mon frère, dans ce pyjama rayé ! Voyez, on dirait qu'il est un zèbre !

LA MÈRE — C'est pour l'identifier au cas où il lui prendrait envie de s'enfuir de l'hôpital.

ÉVA — Lui s'enfuir ? Depuis le temps qu'il n'a pas couru, vous êtes sérieuse ?

LA MÈRE — Des jambes comme les siennes, si elles décident de courir, tu sais... et une tête comme celle de ton frère, ah ! ces têtes-là vont où elles veulent, un jour il dira ; « Je ne veux plus rester dans cet hôpital de fous » et il partira loin... très très loin... Aux États-Unis, peut-être...

ÉVA — Maman, notre présence ne suffirait pas à notre frère...

LA MÈRE — Éva, pourquoi ? Tu étais son cœur, tu étais son ombre ! Éva, pourquoi dire cela ?

ÉMILE — « Montréal, 11 juillet 1932. Ma chère Éva, un mot pour te dire que je pense à toi souvent, qu'ici tout me rappelle Cacouna. À midi les cloches, et ce grand silence lorsqu'il n'est pas midi... L'hôpital te plairait... Nous irions marcher dans les jardins, je ne serais plus seul à l'heure des promenades... Ma sœur

75

Éva. Le voyage te sera facile, il ne te faut pas de nombreux bagages. Viens me dire que tu aimes mon front, mes yeux pleins d'énigmes. Mes sourcils et mes cheveux d'amadou, mes lèvres couleur de rivages, une place ici est pour toi, je me sens devenir poète, «*nous déjeunions d'aurore et nous soupions d'étoiles*», ton frère qui t'aime et qui t'attend.»

Le noir.

10. DE RETOUR À L'ÉCOLE OLIER ET VISITE DE LA MÈRE À L'HÔPITAL

LE RECTEUR — Ce silence… cette immobilité… moi, rester deux heures sans bouger, j'aurais des crampes dans tout le corps. C'est donc un surhomme?

L'INSTITUTEUR — Un enfant surhomme!… Vous avez de drôles d'idées.

LE RECTEUR — Avez-vous pris une décision?

L'INSTITUTEUR — Non, pas encore.

LE RECTEUR — Qu'attendez-vous?

L'INSTITUTEUR — Je suis allé lui rendre visite à l'hôpital. Croyez-moi, il ne mérite pas tout ce qu'on lui fait!

LE RECTEUR — Qu'est-ce qu'on lui fait?

L'INSTITUTEUR — Des tortures… oh! pas des tortures comme celles qui se font d'habitude, plutôt des tortures morales, je dirais… On s'amuse à claquer des portes, rien que pour le faire sursauter.

LE RECTEUR — C'est horrible.

L'INSTITUTEUR — Il a la fièvre, et juste de l'autre côté du mur, on a installé une fournaise géante qui dégage une chaleur d'enfer… On lui a donné une chambre qui donne sur le sud. Avec les midis qu'on a, imaginez le soleil en pleine fenêtre; on entre là et on doit plisser les yeux tellement la lumière est aveuglante. Les visiteurs ne peuvent pas rester plus d'une minute dans cette chambre sans suffoquer.

LE RECTEUR — Et lui, il suffoque?

L'INSTITUTEUR — On a beau lui apporter beaucoup de sirop glacé, c'est le fleuve que ça lui prendrait. Et encore, de sa chambre on peut voir le fleuve, il n'y a rien de désaltérant à le regarder: le Saint-Laurent est en ébullition!

LE RECTEUR — Et les bateaux?

L'INSTITUTEUR — Les bateaux brûlent s'ils y vont. Ou bien ils partent à la dérive. Ils se fracassent dans les remous, ils coulent au fond du fleuve.

Un temps.

LE RECTEUR — Est-ce que sa mère va le voir souvent?

L'INSTITUTEUR — Sa mère est morte, vous le savez bien! Les deux religieuses qui s'occupent de lui ont fini par le lui dire, mais il ne comprend rien.

LE RECTEUR — Il ne veut pas comprendre, c'est autre chose.

L'INSTITUTEUR — Disons qu'il ne veut rien comprendre...

LE RECTEUR — Est-ce qu'il prie?

L'INSTITUTEUR — Comment voulez-vous prier dans des conditions pareilles!

LE RECTEUR — Vous, vous ne prieriez pas si vous étiez à sa place?

L'INSTITUTEUR — Monsieur le recteur, ce n'est pas donné à tout le monde de prier le bon Dieu... Mais à bien y penser, il parle souvent des anges. Je pense même qu'il est amoureux de l'un d'eux.

LE RECTEUR — Quoi? Notre écolier amoureux d'un ange?

L'INSTITUTEUR — Cela vaut mieux que de s'éprendre du diable!

LE RECTEUR — Je n'aurais jamais cru ça de lui...

L'INSTITUTEUR — Un bel ange avec des ailes, du rouge sur les lèvres, les mains toutes blanches, sans lignes...

LE RECTEUR — Et cet ange aurait les traits de qui?

L'INSTITUTEUR — Ah! Là, vous m'en demandez beaucoup... à vrai dire, je n'y ai pas songé...

LE RECTEUR — Si vous étiez amoureux d'un ange...

L'INSTITUTEUR — Moi?

LE RECTEUR — Enfin... cela pourrait arriver?

L'INSTITUTEUR — Je ne pense pas.

LE RECTEUR — Mais imaginez que...

L'INSTITUTEUR — Mais je ne suis pas poète, moi! Monsieur le recteur... Je ne suis que son maître et c'est déjà bien assez pour une seule personne!

LE RECTEUR — Si vous êtes son maître, comment se fait-il que vous n'ayez pas encore pris de décision en ce qui concerne son délit?

L'INSTITUTEUR — Écoutez... Si on le laissait là jusqu'à cinq heures?

LE RECTEUR — Y pensez-vous? Il va bien mourir sur cette chaise!...

79

L'INSTITUTEUR — Alors on le privera. Qu'il se passe de dîner...

LE RECTEUR — Vous savez bien qu'il n'a pas faim. Ce n'est pas le punir, ça.

L'INSTITUTEUR — Alors qu'on le nourrisse à n'en plus finir.

LE RECTEUR — Ce n'est pas une bonne idée.

L'INSTITUTEUR — Qu'on lui apporte de la soupe, trois, quatre bols. Et de la bouillie. Des pommes de terre, beaucoup de légumes !

LE RECTEUR — Vos punitions sont effrayantes.

L'INSTITUTEUR — Qu'on lui apporte une dizaine de plateaux chargés et qu'on le force à manger.

LE RECTEUR — Nous ne pouvons pas le rendre malade...

L'INSTITUTEUR — Quoi alors ? L'ébouillanter ? Lui tirer les cheveux ?

LE RECTEUR — Qu'on fasse un feu et qu'on brûle plusieurs livres devant lui !

L'INSTITUTEUR — Vous iriez jusque-là ?

LE RECTEUR — Il verrait enfin ce que c'est que l'enfer.

L'INSTITUTEUR — Vous êtes déjà allé en enfer ?

LE RECTEUR — Heu... heu... non, bien sûr que non...

L'INSTITUTEUR — Alors vous ne savez pas de quoi vous parlez. Si vous y étiez déjà allé, vous penseriez à toute autre chose.

LE RECTEUR — On dirait que vous, vous y êtes déjà allé...

L'INSTITUTEUR — Moi, pas tout à fait. Mais je connais quelqu'un qui y a déjà vécu une saison, «*il y a mangé du roc, du charbon et du fer, il y a parcouru tout le territoire.*»

Émile commence doucement avec l'instituteur, et le chœur se mettra à muser, en changeant de note à chaque phrase.

L'INSTITUTEUR et ÉMILE — «*Il y devint un opéra fabuleux: il vit que tous les êtres avaient une fatalité de bonheur. L'action n'était pas la vie, mais une façon de gâcher quelque chose, un énervement. La morale était la faiblesse de la cervelle. À chaque être, plusieurs autres vies lui semblaient dues... Aucun des sophismes de la folie... la folie qu'on enferme... la terreur venait... Ô saison, Ô château! L'heure de sa fuite, hélas... Sera l'heure du trépas...*»

Procédé inverse pour Émile et l'instituteur et le chœur chante en canon «Ô saison, Ô château».

L'INSTITUTEUR — «*Je sais aujourd'hui saluer la beauté*».
LE RECTEUR — Vous me surprenez... Ces mots dans votre bouche...
L'INSTITUTEUR — *Une saison en enfer,* monsieur le recteur.
LE RECTEUR — Il en est revenu?
L'INSTITUTEUR — Le diable sait comment!

81

LE RECTEUR — Sorcier!

Gémissement du chœur et d'Émile.

L'INSTITUTEUR, *sa voix vient de loin* — Je crus
d'abord que je devenais son père. Puis, peu à
peu, je compris qu'au-delà des vertus qui s'incarnaient en moi, j'atteignais son cœur, je partais à la dérive avec lui, je partageais son
dégoût, je comprenais sa haine. Monsieur le
recteur, je vous en supplie, retournons à
Saint-Jean-de-Dieu.

LE RECTEUR — Vous vous sentez donc bien
fou?

L'INSTITUTEUR — Ah oui, monsieur le recteur,
bien fou, je vous le jure.

LE RECTEUR — Patientez encore un peu.

L'INSTITUTEUR — Je n'en peux plus de patien-
ter...

LE RECTEUR — Votre état va s'améliorer. Mais
oui, demain tout ira mieux, ce n'est qu'une
mauvaise période, le cafard, les chaleurs, le
plein été... Mais à l'automne, tenez, à l'automne! Si vous n'allez pas mieux, eh bien
peut-être irons-nous faire un tour à l'hôpital.

Le noir sur le recteur et l'instituteur.

Projecteur sur la mère.

LA MÈRE — Tu n'as pas mangé? Tu dois avoir
faim... Gertrude et Éva t'ont apporté des
fruits, regarde ces fraises, nous les avons
cueillies à Cacouna, en pensant à toi. Regarde

82

comme elles sont roses... On dirait des images! Et voici du vin rouge. Un invité nous a offert du vin rouge. *(Rires de Gertrude et d'Éva.)* Entends-tu tes sœurs? Elles sont gaies. Elles courent dans la campagne; ne courez pas trop, après avoir mangé, c'est mauvais de s'essouffler. Comme il fait beau, aujourd'hui! Nous n'avons jamais vu un si beau mois de juillet. *(Émile gémit; inquiète, la mère s'approche de lui.)* Tu as mal? Ça se passera, tu vas guérir. Tu sais, tu as l'air un peu mieux depuis que tu es ici. Bientôt tu seras gai comme tes sœurs. Tu courras dans l'herbe... *(Les sœurs rient.)*... Au fait, je ne t'ai pas dit? Papa est mort... *(Les sœurs rient.)* Hé oui, il est parti doucement, sans faire aucun bruit, en dormant... *(Les sœurs rient.)*... Enfin, nous nous habituerons... *(Gertrude fait: Oh hé!)*... On s'habitue à tout... *(Éva fait: Oh hé!)*... Toi, tu t'habitues ici? Si tu n'aimes pas la nourriture, il faut le dire, hein? Si tu n'aimes pas les religieuses, on en fera venir d'autres. Et si tu n'aimes pas le soleil, prie pour qu'il pleuve. Ou qu'il neige... As-tu écrit à monsieur Desaulniers? Il le faudrait bien...

Le noir sur la Mère.

Émile s'agite. Il est en transes. Il crie, il hurle. La Grande entre et s'écrie...

LA GRANDE — Taisez-vous! Vous devenez insupportable. Si ce n'était que de moi, je vous enverrais dans un autre pavillon.

83

ÉMILE — Le fleuve... il bout...!

LA GRANDE — Qu'est-ce que vous dites?

ÉMILE — Le fleuve est en ébullition.

LA GRANDE — Vraiment!

ÉMILE — Vous ne me croyez pas.

LA GRANDE — Mais si, je vous crois. J'y suis moi-même allée voir. C'est assez épouvantable quand on songe à ça... Tout est en fumée. De la vapeur plein les rues. Ça me coupe l'appétit... Des histoires de fous... Qui vous a raconté ça?... Votre instituteur? Mmm... je n'aime pas ça quand il vient. Il a un visage qui ne m'inspire rien de bon... Et il a les doigts fourchus... Aussi il est laid... Vous n'avez jamais remarqué? Il a un nez terrifiant. Des yeux exorbités... Il lui manque des dents... Je sais qu'il ne faut pas parler contre les gens, mais celui-là je l'enverrais au diable... Il effraie tout le monde, d'ailleurs. Ça vous fait rire? Pas moi... Mmm...

ÉMILE — Je l'ai vu à la salle Windsor. C'était tout illuminé. Paderewski donne un récital ce soir. J'ai envie d'y aller.

LA GRANDE — Ce soir, vous allez vous reposer.

ÉMILE — Je suis fatigué de me reposer.

LA GRANDE — C'est parce que vous ne savez pas vous détendre.

ÉMILE — Il avait joué l'étude révolutionnaire de Chopin. Après le concert, il avait dit qu'il serait heureux de revenir au Canada.

LA GRANDE — Est-ce qu'il est revenu?

ÉMILE — Je ne sais pas.

LA GRANDE — Voulez-vous un livre?

84

ÉMILE — Non.

LA GRANDE — Voulez-vous dormir, alors?

ÉMILE — Oui. Je suis fatigué. Qu'est-ce que vous faites?

LA GRANDE — J'ouvre cette fenêtre.

ÉMILE — Non! N'y touchez pas!

LA GRANDE — Bon, mais vous allez crever.

ÉMILE — N'y touchez pas! Fermez plutôt les rideaux.

LA GRANDE — Pourquoi?

ÉMILE — Pour cacher le soleil.

LA GRANDE — Mais il n'y a pas de soleil! C'est la nuit.

ÉMILE — Non, il est midi. J'entends les cloches.

LA GRANDE — C'est comme vous voudrez. Mais je vais plutôt éteindre la lumière.

ÉMILE — Allez-vous-en. Fermez doucement la porte.

11. L'HALLUCINATION

Les voix du recteur et de l'instituteur nous parviennent de très loin.

L'INSTITUTEUR — *La Revue Canadienne* vient de publier le dernier sonnet d'Émile Nelligan, *La Cloche dans la Brume.* Avez-vous lu ?

LE RECTEUR — J'ai trouvé cela hallucinant.

L'INSTITUTEUR — Pas du tout ; c'est la réalité.

LE RECTEUR — C'est un rêve.

L'INSTITUTEUR — Vous voyez le rêve partout.

LE RECTEUR — «Plein de spleen nostalgique et de rêves étranges». C'est lui qui l'a dit.

L'INSTITUTEUR, *après un moment* — Regardez-moi ça ! Un enfant sage, perdu dans ses pensées. Est-ce qu'on dirait que c'est un cancre ?

LE RECTEUR — Des apparences ! Toujours des apparences ! Où croyez-vous aller dans la vie avec un «D» dans votre bulletin ? Vous aimez donc beaucoup l'école pour y doubler toutes vos années ?

L'INSTITUTEUR — Il ne vous entend pas.

LE RECTEUR — S'il le faut, je vais crier:

L'INSTITUTEUR — Il va lui pousser des ailes et il va s'envoler !

CHŒUR —
Cécile était en blanc, comme aux tableaux
[illustres
Où la sainte se voit, un nimbe autour du chef.

86

Ils étaient au fauteuil Dieu, Marie et Joseph;
Et j'entendis cela debout près des balustres.

Soudain au flamboiement mystique des grands
                                        [lustres,
Éclata l'harmonie étrange au rythme bref,
Que la harpe brodait de sons en relief...
Musique de la terre, ah! taisez vos voix
                                        [rustres!...

L'INSTITUTEUR — On étouffe ici... Je n'ai rien dit.

ÉMILE — Je veux m'en aller.

LE RECTEUR — Non, vous resterez ici.

L'INSTITUTEUR — Et pourquoi ne s'en irait-il pas?

LE RECTEUR — Madame?

LA MÈRE — Qui êtes-vous?

LE RECTEUR — Le recteur.

LA MÈRE — Eh bien?

LE RECTEUR — Je suis allé voir votre fils à l'hôpital.

ÉMILE — Je veux m'en aller.

L'INSTITUTEUR — Vous ne pouvez pas vous en aller. Vous êtes immobile depuis trop longtemps... C'est étrange... Il m'avait semblé avoir vu...

ÉMILE — Qu'est-ce que vous avez vu?

L'INSTITUTEUR — Avoir entendu...

ÉMILE — Qu'est-ce que vous avez entendu?

LE RECTEUR — Il n'a pas protesté, madame. Il a tout avoué sitôt que nous l'avons interrogé. Nous n'avons jamais vu un écolier si coupable et à la fois si inoffensif.

CHŒUR, LES FILLES —
Je ne veux plus pécher, je ne veux plus jouir,
Car la Sainte m'a dit que pour encore l'ouïr,
Il me fallait vaquer à mon salut sur terre.
LES GARÇONS, EN ÉCHO —
Et je veux retourner au prochain récital
Qu'elle me doit donner au pays planétaire,
Quand les anges m'auront sorti de l'hôpital.

Silence.

LA PETITE — Il m'a regardée comme si j'allais faire un grand crime.

LA GRANDE — Des yeux comme ceux-là, je n'avais encore jamais vu cela.

LA PETITE — Il y a des fleurs partout et de la musique étrange.

LA GRANDE — Éblouissante, cette musique.

LA PETITE — Éblouissante et ténébreuse à la fois.

LA GRANDE — Et cette odeur !

LA PETITE — Vous percevez aussi cette odeur ?...

LA GRANDE — Une odeur funèbre, dirait-on.

LA PETITE — C'est à cause des fleurs.

LA GRANDE — Quand retournerez-vous au ciel, ma sœur ?

LA PETITE, *éclatant de rire* — C'est drôle !

LA GRANDE, *sévère* — Je sais bien que c'est drôle, mais je vous en prie, cessez de rire ! Si on nous voyait ! Les gens n'en croiraient pas leurs yeux !

LA PETITE — C'est bien ça qui est drôle ! Enfin, nous partirons demain ou après-demain. C'est

88

comme vous voudrez... À vrai dire j'ai hâte de revoir les anges...

LA GRANDE — C'est curieux... Il me semble que notre séjour sur terre a été bien court. Les autres religieuses nous manqueront beaucoup.

LA PETITE — Comme vous avez raison! Savez-vous, nous reviendrons sur terre! À propos, emmenons-nous l'enfant avec nous?

LA GRANDE, *à Émile* — Est-ce que tu viens faire un tour au ciel?

ÉMILE — Et c'est où, le ciel?

LA PETITE — En haut, où crois-tu que c'est?

LA GRANDE — Au moins, il va faire moins chaud là-bas qu'ici.

LA PETITE — Ah oui! Ce qu'il a fait chaud ici-bas. Et toutes ces robes les unes par-dessus les autres... et ce voile noir! Le voile, c'était bien le pire de tout, ah! Tiens, je ne me souviens plus à quoi ressemblent mes cheveux...

LA GRANDE — Vos cheveux sont blonds. Une fois je vous ai vue sans ces robes et sans votre voile. Vous étiez très belle. Vous aviez l'air d'une sainte.

LA PETITE — Une sainte! Je vous remercie beaucoup... Une sainte!

ÉMILE — Une sainte!

L'INSTITUTEUR — Une sainte!...

LE RECTEUR — Une sainte!...

LA MÈRE — Vous savez, c'est un petit garçon bien étrange. À Cacouna, on ne le voit jamais. Il va au bord du lac, il lance des cailloux dans l'eau, c'est un romantique. Je ne lui ai jamais permis de lire Rimbaud mais si Rimbaud n'avait jamais existé, il l'aurait inventé, vous le savez bien... Cacouna, c'est un monde qu'il a apprivoisé. L'après-midi on y chante. Derrière le grand terrain, il y a des herbes hautes. Derrière les herbes hautes, il y a les forêts. La maison et le lac sont au début de tout. En fait, tout commence par le lac. D'abord, le fond. Les poissons et les sables... Ensuite la surface verte... Et puis le vent qui fait des sillons dans le champ. Oh! ce n'est pas un bien beau champ. Il y a là des mauvaises herbes... Partout des mauvaises herbes jaunes, verdâtres, violettes, rouges parfois. Mais en juillet, les mauvaises herbes, même celles qu'on arrache, sont belles comme des anémones... (*Un temps.*) Nous inviterons ta cousine en septembre.

LA PETITE — Il est midi, ma sœur. « L'Ange du Seigneur apparut à Marie...

LA MÈRE — Nous lui avons écrit, elle s'est empressée de répondre.

LA PETITE — ...Elle fut conçue par l'opération du Saint-Esprit ».

LA MÈRE — Elle sera heureuse de te rencontrer.

LA MÈRE — Il y a des jours où les cloches de l'église sonnent et sonnent sans arrêt.

LA PETITE — Midi sonne, cela fera bientôt huit heures que l'angélus sonne et sonne sans arrêt...

LA MÈRE — À vrai dire, le soleil reste toujours suspendu à la croix du clocher...

LA PETITE — ...Seulement que deux cloches qui s'alternent en passacaille...

LA MÈRE — ... Le carillon...

LA MÈRE et LA PETITE — ... sonne et sonne...

LA MÈRE — ... à n'en plus finir...

*Un temps. La Mère, la Petite et la Grande
parlent simultanément.*

LA MÈRE — ... Les cloches de bronze s'alternent
en passacaille, c'est midi, un midi inaccessible
en un ciel utopique, le nom des cloches ré-
sonne comme prononcé par des Sylphides,
j'entends les Nymphes, j'entends la Bergère...

LA PETITE — ... Elles sonnent ainsi jusqu'à la
nuit, parfois elles ne s'interrompent que pour
sonner encore davantage, oh! les cloches!
mon Dieu, je vous en supplie, pourquoi cette
torture quand il est midi, pourquoi?...

LA GRANDE — ... Nous vous offrons tout cela
mon Dieu pour expier les fautes, les fautes
que nous avons si souvent commises, péché
d'orgueil, péché de gourmandise, péché d'im-
patience, péché d'envie, péché d'impureté,
fautes d'égoïsme, fautes de paresse...

*Un temps. Une musique lointaine. Tous les
personnages s'approchent lentement d'Émile.*

LA MÈRE — ... J'entends l'Ange et les autres personnages inoffensifs.

L'INSTITUTEUR — Il est encombré, il est maladroit.

LA PETITE — ... Pourquoi ce supplice à n'en plus
finir?

91

LE RECTEUR — Nos regards n'avaient fait que se croiser.

LA GRANDE — ...et nous Vous demandons, moyennant votre sainte grâce...

LA MÈRE — Les voix célestes qui résonnent partout autour de moi, ces voix venant du ciel.

L'INSTITUTEUR — Des portes se referment violemment tandis que les cloches sonnent.

LA PETITE — On étouffe et on n'a pas le droit de se plaindre.

LE RECTEUR — Ses yeux me fixaient, j'y devinais des fils pleins d'énigmes qui attiraient tout ce qu'il y avait de vivant en moi.

LA GRANDE — ...que Vous nous donniez vos vertus afin que nous soyons semblables à vous...

LA MÈRE — Une vierge en bleu, une auréole d'or au-dessus de sa tête blonde, son voile constellé d'argent...

L'INSTITUTEUR — L'obsession des cloches. Va-t-il survivre à tout ce tumulte?

LA PETITE — C'est péché que de se plaindre? Des anges? Qui a parlé d'un ange?

LE RECTEUR — Puis soudain mes yeux sortaient de leurs orbites, se dirigeaient vers les siens, en équilibre sur les fils.

LA GRANDE — ...que nous devenions aussi parfaits, aussi charitables, aussi miséricordieux, aussi infiniment bons.

LA MÈRE — ...Comme tout est brillant dans cet hôpital! Qui a dit que cet hôpital était un endroit infernal?

L'INSTITUTEUR — Oh! Cessez de sonner! Cessez de grincher et de faire ce bruit affreux...

LA PETITE — Oh, ce n'est pas toujours drôle d'être un ange, bien sûr, au début c'est agréable, c'est même un bonheur incroyable de voler dans le ciel, mais l'éternité, l'éternité...

LE RECTEUR — Et lui s'en saisissait, il les embrassait et puis il me les rendait...

LA GRANDE — Faites que nous nous détachions de ce monde où la richesse et la pauvreté se côtoient et où tout n'est qu'ordure...

LA MÈRE — Qui a dit qu'on y mourait dans la souffrance? souffrance?... *(etc.)*

L'INSTITUTEUR — Il y a des ricanements dans l'air. La folie nous envahit subtilement, tranquillement, comme le froid en décembre ou en février, comme le froid qui nous pénètre, le froid... le froid... *(etc.)*

LA PETITE — Comme si à la fin on devait rester un ange pour l'éternité, vraiment l'éternité... l'éternité... *(etc.)*

LE RECTEUR — Tandis que la foule applaudissait, nous ne savons qui, nous ne savons quoi...

LA GRANDE — ...Péché, souffrance, misère, corruption, détresse... détresse... *(etc.)*

Long silence.

TOUS, *un murmure* — Midi, monsieur le recteur.

Un temps.

TOUS, *crescendo* — Midi, monsieur le recteur.

Un temps.

TOUS, *à voix forte* — Midi, monsieur le recteur!

> *Un long silence. Tous les personnages disparaissent à l'exception de la Petite et d'Émile, qui suffoquent. Un instant de paix.*

LA PETITE — Allons, respirez lentement. Déten-dez-vous... Vous êtes en sueur. Vous faites de la fièvre... À cette heure-ci, vous devriez dormir...

ÉMILE — Quel jour est-on?

LA PETITE — Demain ce sera lundi. Lundi le onze.

ÉMILE — Il n'est pas midi?

LA PETITE — Mai non, c'est la nuit.

ÉMILE — Jurez-moi qu'il n'est pas midi.

LA PETITE — Voilà que vous recommencez à tout confondre. Le jour et la nuit. Les lundis et les dimanches. Vous savez bien que je ne viens que les dimanches. Le lundi, c'est la Grande, d'habitude.

ÉMILE — Non... non... C'est la nuit...

LA PETITE — Vous êtes bizarre!

ÉMILE — Dites-moi...

LA PETITE — Le jour ou la nuit, quelle importance?... Nous avons tous une façon si étrange de se sentir un jour particulier, une heure précise, et ce jour, cette heure, on croirait que ça dure si longtemps... une éternité en

94

quelque sorte... C'est comme les choses qu'on voit ou qu'on entend... Pourvu qu'on perçoive un son de cloche, on dit que l'heure s'arrête. Et si on se sent mélancolique, et si on éprouve quelque vague à l'âme, on se demande qui habite en nous, quelle force si étrangère nous anime pour ainsi ressentir une souffrance... une blessure. Pour peu qu'on ait envie de crier, c'est comme s'il nous fallait abolir tous les midis du monde, tous les clochers de la terre, les détruire au lieu de nous y conformer... Entre deux coups d'angélus, il s'écoule un siècle. C'était si bon le temps où toutes les heures avaient le même nombre de joies, où tous les jours avaient le même nombre de sérénités... On disait qu'il fallait apprivoiser le temps. Mais le temps s'est bien vengé. Il nous a eus. Tous, sans exception.

Un temps.

ÉMILE — Je... je n'ose pas vous demander quelle heure il est.

LA PETITE — Si nous essayions de ne plus jamais connaître l'heure ?...

ÉMILE — Mais les cloches ?

LA PETITE — Disons qu'elles sonnent n'importe quand !

ÉMILE — Et la nuit, les cauchemars... et les dimanches, votre présence...

LA PETITE — Vous avez raison. Aussi bien se résigner.

ÉMILE — Où allez-vous ?

Photo André Cornelier

LA PETITE — Mais le temps s'est bien vengé. Il nous a eus. Tous, sans exception.

L'hallucination

LA PETITE — Il ne faut pas que je sois en retard
     au rendez-vous.
ÉMILE — Mais...
LA PETITE — Je reviendrai dimanche.
ÉMILE — Alors... à dimanche!
LA PETITE — Au revoir, porte-bonheur!...
ÉMILE — Fermez doucement la porte.
LA PETITE — Bien sûr!

Le silence.

Longue pause.

12. À L'ÉCOLE OLIER

CHŒUR — Midi, monsieur le recteur.

LE RECTEUR — L'angélus ne sonne que dix coups?

CHŒUR — Douze coups, monsieur.

LE RECTEUR — Cela m'étonne. Je n'ai entendu que dix coups.

L'INSTITUTEUR — Vous entendrez bientôt le onzième, puis le douzième...

LE RECTEUR — Ces silences entre chaque son de cloche...

L'angélus sonne les deux derniers coups.

TABLE

Préface de Jean-Cléo Godin 7

Introduction de Normand Chaurette 19

Note biographique 23

Rêve d'une nuit d'hôpital 25

Personnages 27

Création et distribution 28

PROLOGUE 31

  1. L'ÉCOLE OLIER, 1902 32

  2. SAINT-JEAN-DE-DIEU, 1932 35

  3. CACOUNA, été 1896 40

  4. DE RETOUR À L'HÔPITAL 44

  5. L'ÉCOLE OLIER 49

6. UNE PROMENADE À CACOUNA 56

7. LA COLÈRE DE L'INSTITUTEUR 59

8. UNE SOIRÉE À LA SALLE WINDSOR, OCTOBRE 1899 63

9. DE RETOUR À L'HÔPITAL. LA VISITE DE L'INSTITUTEUR 66

10. DE RETOUR À L'ÉCOLE OLIER ET VISITE DE LA MÈRE À L'HÔPITAL 77

11. L'HALLUCINATION 86

12. À L'ÉCOLE OLIER 99

DANS LA MÊME COLLECTION

1. *Zone* de Marcel Dubé, 187 p.
2. *Hier les enfants dansaient* de Gratien Gélinas, 159 p.
3. *Les Beaux dimanches* de Marcel Dubé, 187 p.
4. *Bilan* de Marcel Dubé, 187 p.
5. *Le Marcheur* d'Yves Thériault, 110 p.
6. *Pauvre amour* de Marcel Dubé, 161 p.
7. *Le Temps des lilas* de Marcel Dubé, 177 p.
8. *Les Traitants* de Guy Dufresne, 176 p.
9. *Le Cri de l'Engoulevent* de Guy Dufresne, 123 p.
10. *Au retour des oies blanches* de Marcel Dubé, 189 p.
11. *Double jeu* de Françoise Loranger, 212 p.
12. *Le Pendu* de Robert Gurik, 107 p.
13. *Le Chemin du Roy* de Claude Levac et Françoise Loranger, 135 p.
14. *Un matin comme les autres* de Marcel Dubé, 146 p.
15. *Fredange* d'Yves Thériault, 146 p.
16. *Florence* de Marcel Dubé, 150 p.
17. *Le coup de l'Étrier* et *Avant de t'en aller* de Marcel Dubé, 126 p.
18. *Médium saignant* de Françoise Loranger, 139 p.
19. *Un bateau que Dieu sait qui avait monté et qui flottait comme il pouvait, c'est-à-dire mal* d'Alain Pontaut, 105 p.
20. *Api 2967* et *La Palissade* de Robert Gurik, 147 p.
21. *À toi, pour toujours, ta Marie-Lou* de Michel Tremblay, 94 p.
22. *Le Naufragé* de Marcel Dubé, 132 p.
23. *Trois Partitions* de Jacques Brault, 193 p.

24. *Diguidi, diguidi, ha! ha! ha!* et *Si les Sansou-cis s'en soucient, ces Sansoucis-ci s'en soucie-ront-ils? Bien parler c'est se respecter!* de Jean-Claude Germain, 194 p.

25. *Manon Lastcall* et *Joualez-moi d'amour* de Jean Barbeau, 98 p.

26. *Les Belles-sœurs* de Michel Tremblay, 156 p.

27. *Médée* de Marcel Dubé, 124 p.

28. *La vie exemplaire d'Alcide 1er le pharamineux et de sa proche descendance* d'André Ricard, 174 p.

29. *De l'autre côté du mur* suivi de cinq courtes pièces de Marcel Dubé, 214 p.

30. *La discrétion, La neige, Le Trajet* et *Les Prota-gonistes* de Naïm Kattan, 144 p.

31. *Félix Poutré* de L. H. Fréchette, 144 p.

32. *Le retour de l'exilé* de L. H. Fréchette, 120 p.

33. *Papineau* de L. H. Fréchette, 160 p.

34. *Véronica* de L. H. Fréchette, 120 p.

35. *Si les Canadiennes le voulaient!* et *Aux jours de Maisonneuve* de Laure Conan, 168 p.

36. *Cérémonial funèbre sur le corps de Jean-Olivier Chénier* de Jean-Robert Rémillard, 121 p.

37. *Virginie* de Marcel Dubé, 161 p.

38. *Le temps d'une vie* de Roland Lepage, 151 p.

39. *Sous le règne d'Augusta* de Robert Choquette, 136 p.

40. *L'impromptu de Québec* ou *Le testament* de Marcel Dubé, 208 p.

41. *Bonjour là, bonjour* de Michel Tremblay, 111 p.

42. *Une brosse* de Jean Barbeau, 117 p.

43. *L'été s'appelle Julie* de Marcel Dubé, 154 p.

44. *Une soirée en octobre* d'André Major, 97 p.

104

45. *Le grand jeu rouge* d'Alain Pontaut, 138 p.
46. *La gloire des filles à Magloire* d'André Ricard, 156 p.
47. *Lénine* de Robert Gurik, 114 p.
48. *Le quadrillé* de Jacques Duchesne, 192 p.
49. *Ce maudit Lardier* de Guy Dufresne, 165 p.
50. *Évangéline Deusse* d'Antonine Maillet, 108 p.
51. *Septième ciel* de François Beaulieu, 105 p.
52. *Les vicissitudes de Rosa* de Roger Dumas, 119 p.
53. *Je m'en vais à Régina* de Roger Auger, 120 p.
54. *Les héros de mon enfance* de Michel Tremblay, 108 p.
55. *Dites-le avec des fleurs* de Jean Barbeau et Marcel Dubé, 132 p.
56. *Cinq pièces en un acte* d'André Simard, 152 p.
57. *Sainte Carmen de la Main* de Michel Tremblay, 88 p.
58. *Ines Pérée et Inat Tendu* de Réjean Ducharme, 127 p.
59. *Gapi* d'Antonine Maillet, 108 p.
60. *Les passeuses* de Pierre Morency, 133 p.
61. *Le réformiste ou l'honneur des hommes* de Marcel Dubé, 150 p.
62. *Damnée Manon Sacrée Sandra* et *Surprise! Surprise!* de Michel Tremblay, 125 p.
63. *Qui est le père?* de Félix Leclerc, 128 p.
64. *Octobre* de Marcel Dubé, 120 p.
65. *Joseph-Philémon Sanschagrin, ministre* de Bertrand B. Leblanc, 112 p.
66. *Dernier Recours de Baptiste à Catherine* de Michèle Lalonde, 141 p.
67. *Le Champion* de Robert Gurik, 79 p.

68. Le *Chemin de Lacroix* et *Goglu* de Jean Barbeau, 123 p.
69. *La Veuve Enragée* d'Antonine Maillet, 177 p.
70. *Hamlet, Prince du Québec* de Robert Gurik, 149 p.
71. *Le casino voleur* d'André Ricard, 168 p.
72-73-74. *Anthologie thématique du théâtre québécois au XIXe siècle* d'Étienne-F. Duval, 462 p.
75. *La baie des Jacques* de Robert Gurik.
76. *Les lois de la pesanteur* de Pierre Goulet, 185 p.
77. *Kamikwakushit* de Marc Doré, 132 p.
78. *Le bourgeois gentleman* d'Antonine Maillet, 190 p.
79. *Le théâtre de la maintenance* de Jean Barbeau, 107 p.
80. *Le jardin de la maison blanche* de Jean Barbeau, 133 p.
81. *Une marquise de Sade et un lézard nommé King-Kong* de Jean Barbeau, 98 p.
82. *Émile et une nuit* de Jean Barbeau, 100 p.
83. *La rose rôtie* de Jean Herbiet, *133 p.*
84. *Eh! qu'mon chum est platte!* d'André Boulanger et Sylvie Prégent, 82 p.
85. *Le veau dort* de Claude Jasmin, 125 p.
86. *L'impromptu d'Outremont* de Michel Tremblay, 115 p.

106

ACHEVÉ D'IMPRIMER SUR
LES PRESSES DES ATELIERS
MARQUIS DE MONTMAGNY
LE 15 MAI 1980 POUR
LES ÉDITIONS LEMÉAC INC.